拾荒者的身份建构研究

以上海为例

胡全柱◎著

上海三联书店

序

　　胡全柱博士毕业已经十余年了。近日他邀我为其即将出版的博士学位论文作序，作为他的博士生导师，我欣然应允。

　　胡博士2004年考进上海大学社会学系攻读硕士学位时，我就担任他的硕士生导师。他和杨坤是我来到上大社会学系所带的第二届硕士研究生，所以当时我对他们每个人的基本情况还是比较了解的。记得在读研之前，胡博士在安徽六安的一所农村中学教书，他一边工作一边考研，实属不易，可见胡博士有着一颗热切的求知之心。

　　功夫不负有心人，2004年，胡博士以385分的"状元"成绩被上大社会学系录取，我也有幸成为这位"状元"的导师。不过，大概是因为跨专业的缘故，入学之初，胡博士的社会学基础知识并不扎实，但他是个不甘落后、求上进、肯钻研的学生，始终努力学习。

　　我每周组织学生开展读书会活动，大家踊跃发言，表达自己的观点和看法。我们亲切地称读书会成员为"陆家军"。在读书会上，虽然胡博士发言积极，但多少还是缺了一点"社会学的想象力"。在大家都发言之后，我会点评。这样，我就有机会引导和培养同学们的社会学思维意识。我想读书会是有效果的，因为它不仅吸引了其他导师门下的研究生参加，更重要的是"陆家军"成员都有不同程度的学术成长。

　　在我的印象里，胡博士从最初的政治课本知识，逐渐转变为"社会学思维"，一方面与我们的读书会活动有关，另一方面与他的自身刻苦努力密不可分。这些社会学专业能力的提升，都集中体现在他后期的研究成果中，首先是他的硕士学位论文。

　　胡博士的硕士学位论文是关于一位女劳模的口述史研究，得到了答辩会评委的一致好评，论文的主体部分也顺利地刊发于核心刊物。

　　就在胡博士2007年即将硕士毕业时，我正好取得了博士生导师资格，他因此有了继续跟我攻读博士学位的想法，我自然是乐观其成。于

1

是,我们又开始了三年的教学相长过程。我想这三年无论是对于胡博士,乃至对于我自身都是一个很大的挑战。

我的第一届博士除了胡博士之外,还有乔超、张瑞玲二位博士。那时上大社会学系博士生招生分为春秋二次入学,所以他们是 2007 年春季入学,而胡博士是 2007 年秋季入学。为了提高博士生培养质量,上海大学规定:博士研究生申请博士学位论文答辩的必需条件是,需要发表 2 篇核心期刊的论文。这是一条"拦路虎",拦住了很多渴望答辩的博士生,但胡博士似乎轻松地就跨越了。他在博士就读期间,发表了多篇 C 刊论文,成为 2008 年上海大学首届费孝通教育奖学金的获得者之一。

胡博士的博士论文选题也算是一波三折。一开始我建议他围绕上海某工人文化宫的变迁问题做一个空间社会学的个案研究,但他经过试调查后发现,一些关键性资料难以获取。当然空间社会学研究很有意义,但如果无法充分获得必需的实证材料,那么它即使有研究价值,似乎也不适合作为博士论文选题。

后来,在一次偶然的机会中,他关注到拾荒者群体,令其感兴趣的问题是,为什么在受到强烈的社会歧视和偏见的情况下,还有那么多人去拾荒?这个经验问题的实质就是身份认同问题。所以,胡博士就围绕身份认同问题展开了拾荒者的研究,并创造性地提出了一个本土化概念——矛盾性身份。它是指在身份认同缺失的情况下身份主体持有的身份,或者说,角色认同缺失时角色扮演何以可能,以及社会认同缺失时群体身份何以可能的问题。换句话说,矛盾性身份概念的学术价值主要在于对角色认同理论和社会认同理论的某种创新和补充。

当然,究竟这个矛盾性身份概念是否具有普遍解释效力,有待进一步考证,因为胡博士的研究主要是针对社会地位较低的拾荒者群体而言的,那么在社会地位较高的群体中,矛盾性身份概念是否仍然具有解释力?或者说,矛盾性身份是否存在阶层化差异、影响因素为何、变迁过程及其后果又是什么等一系列问题,仍值得进一步地探讨。

我们期待胡博士有更多、更精彩的学术产出。是为序。

二〇二一年四月二十六日于上海大学社会学院

内 容 简 介

　　本研究运用深度访谈法、文献法与观察法等研究方法,以认同理论和社会认同理论为视角,以拾荒者在面临他人对其身份持有强烈的社会歧视和偏见的情况下如何建构自我身份为核心研究问题,试图从身份主体的角度构建一个底层社会民众身份建构的分析框架,从而为底层社会研究提供新的解释路径。

　　本研究根据拾荒动机的不同,将拾荒者分为被动选择型、主动选择型与过渡型。被动选择型拾荒者自我身份认知图式包括三种:第一种为拾荒者身份遭受社会歧视和偏见,认同拾荒者身份的道德性和正当性,但不愿意认同和接受自己的拾荒者身份;第二种为拾荒者身份遭受社会歧视和偏见,且否定拾荒者身份的道德性和正当性,更不认同和接受自己的拾荒者身份;第三种为拾荒者身份遭受社会歧视和偏见,但肯定拾荒者身份的道德性和正当性,认同和接受自己的拾荒者身份。主动选择型拾荒者自我身份认知图式包括两种:一种为根据经济理性的思维方式,从相对优势和相对劣势两个方面来建构拾荒者身份认知图式,从相对优势方面来说,这种身份与"经济利益""富裕""自由"等积极社会意义相关联,而从拾荒者身份的相对劣势方面来说,它又与"肮脏""丢人"等消极社会意义相关联,接受和认同自己的拾荒者身份,因而身份主体与身份得到了统一;另一种为拾荒者身份必然地遭受普遍的社会歧视和偏见,它与"最孬""最低""最脏"等消极社会意义相关联,拾荒者身份被赋予的消极社会意义是主要的,甚至是其身份内涵的全部。过渡型拾荒者自我身份认知图式包括一种:拾荒者身份与"下贱"的消极社会意义相关联;在拾荒者群体内部,相对而言,游走收购型拾荒者身份要比直接捡拾型拾荒者身份"高尚"一些;接受和认同他人的拾荒者身份,但却拒斥和否定自我拾荒者身份。

　　不论是被动选择型拾荒者、主动选择型拾荒者还是过渡型拾荒者,他们的自我身份认知图式呈现出相同的认知维度,即拾荒者身份遭受到

1

来自他人的社会歧视和偏见,并与一些消极社会意义相联系。这说明,尽管在提倡社会宽容和价值多元的当今社会里有极少数拾荒者的成功案例,但在更大的社会系统中,拾荒者作为一种集体身份,已被社会性地污名化,并作为一种社会现实客观地存在着。无论个体出于什么动机,只要成为一个拾荒者,他就不可避免地感受到被污名化的集体身份之制约。

语言化和行为化的社会歧视和偏见是拾荒者共同面临的外部环境。对此,被动选择型拾荒者通常采用两种方式予以抵抗:建构自我认同的拾荒者身份与寻求另种身份。前者通过赋予拾荒者身份以积极社会意义、改变自身形象以及与他者比较等行动策略来实现;后者被寻求的身份比拾荒者身份具有更高的社会地位,且二者不处于同一社会空间。主动选择型拾荒者根据四种逻辑采取不同行动策略建构自我身份以抵抗他人对其拾荒者身份的社会歧视和偏见,即经济逻辑下的"经济利益最重要"行动策略、减负逻辑下的"能动就动"行动策略、自由逻辑下的"更自由"行动策略与休闲逻辑下"作为生活方式"行动策略。过渡型拾荒者应用隐瞒拾荒者身份、赋予拾荒者身份积极社会意义以及寻求另种身份等行动策略来建构自我身份以抵抗他人对其拾荒者身份的社会歧视和偏见。

用于建构自我身份的资源主要有积极的社会意义、通过比较获得的相对优越感、更高社会地位的身份、经济利益、传统养育文化、自由观、休闲观等。此外,三种类型的拾荒者在建构自我身份时所采用的行动策略、可资利用的资源以及身份建构机制等具有某种程度的相似性。

矛盾性身份是一个新概念,指在身份相对于该身份主体的关系中,身份主体在对自我身份认同缺失的条件下继续建构或维持的身份,它具有如下本质要素:第一,它涉及的是身份主体与身份的关系;第二,身份主体不认同该身份;第三,身份主体又继续建构或维持该身份,无论出于何种原因;第四,它是在与身份主体的关系中形成与维持。它具有矛盾性、主体性和动态性特征。矛盾性身份的形成是矛盾性身份认同缺失机制与身份延续机制共同运作的结果,二者构成矛盾性身份的形成机制。矛盾性身份认同缺失机制包括他人贬低、自我贬低与身份落差。矛盾性身份延续机制包括必然性身份依赖、选择性身份依赖与过渡性身份依赖。矛盾性身份的维持是在矛盾性身份形成以后通过身份平衡机制的运作才成为可能的。身份平衡机制包括身份正当化、身份比较、身份寻求与自我说服。矛盾性身份的客观存在是矛盾性身份的形成机制与身份平衡机制组合式运作的结果。

目　　录

第一章　导　　论

在本章中,我们将通过对一个特殊社会群体即拾荒者的关注,提出本研究的核心问题,并就该问题的相关研究做一文献梳理与评述,同时将指出本研究具有的可能理论与现实意义。

第一节　问题提出与研究意义

一、问题提出

新中国成立后,政府于一九五八年将城镇户口与农村户口加以明确区分。[①]与户籍制度相配套的其他生活资源的供应制度、人事与档案制度以及劳动用工制度,在农村与"公社制"紧密配合,在城市与"单位制"紧密结合,把所有社会成员都置于行政控制之下,从而严格地限制了城乡间的社会流动。[②]这种户籍身份制度明显地具有先赋性,并限制了城乡居民的职业范围。改革开放以后,户籍身份对社会流动的限制作用大为减弱。

一九七九年后,农村经济体制改革使农民有了生产与分配的自主权,农民的自由活动空间有所拓展。一些青年农民向城市流动,寻找新的生存空间。一九八五年后,政府进一步放松了对农村居民的限制,允许农民进城务工经商。于是,大批农民自发涌进城市,出现了"民工潮"。[③]然而,在进城的农民中有这样的一个群体,他们与进城打工的农民不同,他们终日与垃圾打交道,靠捡拾垃圾、收购废品为生。他们有的推着平板车或自行车,有的背着蛇皮袋,提着铁钩,出入街头巷尾和居民生活区,有的出没在城市的垃圾箱间,这个群体就是拾荒者群体。这是一个在快速城市化

---

① 刘豪兴:《"民工潮"的发展趋势初探》,《复旦学报(社会科学版)》1995 年第 3 期。
② 陈潭:《单位身份的松动——中国人事档案制度研究》,南京:南京大学出版社,2007 年。
③ 宋林飞:《"民工潮"的形成、趋势与对策》,《中国社会科学》1995 年第 4 期。

进程中应该得到特别关注的群体,因为他们流动性大,群体内部成分复杂,对城市社会经济生活和管理产生了不可忽视的影响。他们的拾荒活动不仅是城市废旧物品回收和循环利用中必不可少的环节,而且因为他们处于城市社会管理的空白地带,因而也带来了很多社会问题。他们的劳动一方面为城市社会的发展做出了巨大贡献,另一方面他们却又偏偏得不到社会的认可。①美国废品处理专家马丁·梅迪纳在《世界清道夫》一书中说,全球约有一千五百万名拾荒者,大概占全球城市人口的百分之一。这些拾荒者每天穿行于大街小巷,从垃圾中捡出数十万吨可用于回收再加工成各类产品的废旧材料。他们的劳动对全世界产生重要影响。②据一位业内人士保守估计,北京市"拾破烂的游击大队"有十万之众,另外还有二十万人在大大小小的私人企业里从事废品回收,这浩浩荡荡的三十万"拾荒大军"每年从北京捡走三十亿元人民币。③由此可见,拾荒者在保护环境、资源再利用方面做出了巨大的贡献。然而,拾荒者的贡献却被忽视,由他们带来的一些问题却被放大与强化。"破烂王""捡破烂的""捡垃圾的""收废品的"等这些称呼带有明显的歧视色彩,加之从事拾荒的人不时有偷盗行为发生,甚至有严重的犯罪行为,这样社会对这个群体的歧视与偏见就更加强烈了。

近年来,④随着拾荒者群体的规模越来越大,据统计,在全国六百六十八座城市中,有拾荒者二百三十多万,⑤从而滋生的一系列问题引起了政府与社会相关方面的重视,与拾荒者相关的新闻报道不时见诸报端。对于拾荒者来说,这些报道有的是正面的,有的是负面的。例如 2006 年12 月 22 日《郑州日报》第八版特别报道《河南拾荒者　感动他乡人》报道了一名来自河南省安阳市内黄县的二十四岁拾荒者耿峰军的故事。他面对捡来的巨款,毫不动心,及时上缴公安部门,并帮助其寻找失主。面对记者的采访,他这样说道:"其实这不算什么,我当时也没想那么多,只想尽快把包归还给失主,因为我也曾经丢过包,我理解失主的焦急心情。最

①　葛蓓蓓:《城市拾荒农民工的地位及其在城乡经济发展中的作用》,《农业现代化研究》2010 年第 2 期。
②　李良勇:《拾荒者有望成为环保生力军》,《中国改革报》2008 年 4 月 16 日,第 4 版。
③　李文华、王旭辉:《30 万拾荒者每年京城捡走 30 亿》,《市场报》2004 年 9 月 14 日,第 2 版。
④　本书初稿完成于 2010 年,因此,书中除了明确的年份外,其他时间均以初稿完成时间推算。特此说明。
⑤　张登国:《透视城市拾荒者》,《西北人口》2007 年第 4 期,第 9 页。

主要的是,我想证明我们河南人并不坏。"①从耿峰军的简单几句话中,特别是"我想证明我们河南人并不坏"这句话,我们可以解读出两种社会歧视和偏见:其一是社会上对河南人的歧视和偏见,这实际上涉及地域认同的问题;其二是社会上对拾荒者群体的歧视和偏见,这又涉及拾荒者身份认同的问题。而作为一个既是河南人又是拾荒者的耿峰军用自己的行动在挑战这种双重的社会歧视和偏见,实际上他是在积极建构自己的地域认同和拾荒者身份认同,或者说他是在给河南人和拾荒者正名。这种行动的背后逻辑可以被视为"弱者的武器"②逻辑,因为耿峰军是来自底层社会群体的一名河南籍拾荒者,他处于社会结构的底层。

与拾荒者相关的负面报道似乎更多。例如,2005年3月24日《扬州日报》B3版《谁来规范废品收购业》一文,列举了拾荒者给城市管理带来了四大难题:一是拾荒人员居无定所,身份结构复杂;二是一些人收、拾、偷不分,给居民人身财产安全带来隐患;三是四处流动,乱扒乱翻,污染环境,成为"脏、乱、差"的污染源;四是不注重卫生,带病作业,成为疾病传染源。③再例如,2005年7月20日《吉林日报》第六版《谁去管管拾荒者》一文中数落了拾荒者的五大"罪状":拾荒"拾"到楼道里、拾荒"拾"到窗台上、拾荒"拾"到工厂里、拾荒"拾"出附加值以及拾荒者制造噪音污染等。④这些负面的报道造成的社会影响,一方面强化了社会对拾荒者的歧视和偏见,另一方面也激发了拾荒者为其身份提供合法性的动机。

因此,在面临社会强烈的歧视和偏见的情况下,为什么会有那么多人从事这一拾荒行业,而且人数还有不断增加的趋势? 他们是被逼无奈,还是自己主动选择? 他们如何看待自己的拾荒者身份? 社会又是如何看待拾荒者身份的? 等等,这些问题引发了笔者的兴趣。带着这些疑问,笔者查阅了相关文献,同时笔者也于2009年六月份、七月份与八月份在上海市宝山区的大场镇、祁连镇以及普陀区的桃浦镇共访谈了三十七位拾荒

---

①　李明德:《河南拾荒者　感动他乡人》,《郑州日报》2006年12月22日,第8版。

②　借用美国人类学家詹姆斯·斯科特的《弱者的武器》书名。实际上在《弱者的武器》一书中所揭示的农民行动逻辑,在性质上类似于拾荒者的行动逻辑,因为他们都处于社会结构的底层,都在以某种形式反抗现存的社会结构。详见[美]詹姆斯·斯科特:《弱者的武器》,郑广怀、张敏、何江穗译,南京:译林出版社,2007年。

③　赵明:《谁来规范废品收购业》,《扬州日报》2005年3月24日,B3版。

④　张海涛:《谁去管管拾荒者》,《吉林日报》2005年7月20日,第6版。

者来试图解答上述疑问。换句话说,本研究的选题并非出自理论的驱使,而是源自笔者对这一群体的好奇和现实关怀,因为关于拾荒者的学术研究甚少,但他们又是一个为数众多却被忽视的群体。通过访谈,从拾荒者的职业选择动机角度来看,笔者将三十七位受访者分为三类:被动选择型、主动选择型和过渡型。在三种类型中,相对而言,被动选择型拾荒者的典型特征是贫困,没有技能,没有文化,拾荒是他们的主要收入来源,甚至是唯一的收入来源;主动选择型拾荒者的典型特征是认为拾荒行业非常适合自己,而且利润丰厚,他们本可以从事其他行业,但他们没有这样去做而是选择了拾荒,或者因为某些原因,他们不必依靠拾荒维持生活但选择了拾荒;过渡型拾荒者的典型特征是认为拾荒只是权宜之计,拾荒是一种暂时性的手段,是为后面的职业选择服务的。很明显,三种类型的拾荒者进入拾荒行业的背景和动机是不同的。尽管背景和拾荒动机不同,但他们目前都在从事着拾荒,都面临着来自他人强烈的社会歧视和偏见;让我们更感兴趣的是他们都具有一种拾荒者身份,而这种身份意味着什么,尽管他们自身可能认同或者不认同这种身份。那么在面临他人对其身份持有强烈的社会歧视和偏见的情况下,拾荒者如何感知和理解自己的拾荒者身份的,又是如何抵抗他人对其身份的社会歧视和偏见的,又有哪些因素影响了他们的身份建构和身份认同的,等等,一句话,拾荒者是如何建构自我身份的,就成为本研究的核心问题。当然拾荒者的自我身份建构与他者对其身份的建构是相互作用的,但他者对拾荒者的身份建构不是本研究的主线。[①]

二、研究意义

综上所述,本研究选取拾荒者的身份建构作为研究主题具有一定的理论和现实意义:

(一)理论意义

在理论意义上,拾荒者的身份建构目前没有进入学界的视野,这个群体的身份建构具有它的特殊性,这就是一个"底层社会民众"的身份建构

[①] 本研究重点关注在面临来自他人对其身份的强烈社会歧视和偏见的情况下,拾荒者是如何建构自我身份的。虽然身份的自我建构与社会建构二者相互作用,但根据本研究的研究问题及资料占有情况来看,拾荒者身份的自我建构能够得到充分的研究。当然,其身份的社会建构在一定程度上也会得到相应的关注。

问题。"底层社会民众"的身份建构将面临着怎样的一种外部环境,哪些资源可以利用,"底层社会民众"采取哪些行动策略来建构身份的,他们的身份建构逻辑又是什么,等等,对于这些问题的探讨,不仅可以加深我们对底层社会①的理解,拓展拾荒者研究的视域,也可以丰富和发展身份研究理论本身。

（二）现实意义

在现实意义上,本研究选择拾荒者作为研究对象,关注这一特殊的底层社会群体,了解他们的生存状态,刻画他们的内心世界,呈现他们的"所劳"与"所得"之间的失衡状态,这不仅可以引起政府与社会对这一群体的关注,而且有利于引发我们对社会公正、社会公平、社会评价以及公共服务等社会建设的进一步思考。在建设和谐社会的语境中,本研究具有一定的现实意义。

第二节　文　献　综　述

"身份"主题一向是社会学、人类学、政治学、历史学等人文社会科学关注的重点,它与类别、角色等概念相联系,揭示了生活在社会中的个体与社会的关系。"一种社会定位需要在某个社会关系网络中指定一个人的确切'身份'。不管怎样,这一身份成了某种'类别',伴有一系列特定的规范约束……某种社会身份,它同时蕴含一系列特定的特权与责任,被赋

---

① 底层社会又称底边社会。台湾学者乔建是底层社会研究代表性的学者,他根据韦伯的理论提出了底边社会的分析框架,即阶级、社会、文化三个维度,前者取决于经济地位,重者取决于社会声望,后者内化于生活方式的一部分。详见乔建、刘贯文、李天生:《乐户:田野调查与历史追踪》,台北:唐山出版社,2001年;乔建:《底边阶级与边缘社会:传统与现代》,台北:立绪文化事业有限公司,2007年,第14—20页。大陆学者孙立平认为由于在90年代资源重新积聚,导致的一个直接结果是在我们的社会中开始形成了一个具有相当规模的底层社会,它包括贫困的农民、进入城市的农民工以及城市中以下岗失业者主体的贫困阶层,断裂是底层社会的结构性特征。详见孙立平:《资源重新积聚背景下的底层社会形成》,《战略与管理》2001年第1期,第18—26页。另一位大陆学者于建嵘考察了底层社会的权利逻辑,认为社会底层群体最为现实的诉求是具体的利益诉求,决定了底层政治是一个相对独立的政治场域,它一方面受国家政治和公民社会政治的掣肘,另一方面又具备自身的内在逻辑;社会底层群体的政治抗争表现为在国家政权主导下,利用公民社会的力量,试图谋求具体的利益,关注真实的民生是底层政治真正的意义。详见于建嵘:《底层社会的权利逻辑》,《南风窗》2008年第5期,第22—23页。本研究的研究对象拾荒者显然属于底层社会范畴。

予该身份的行动者会充分利用或执行这些东西;他们构成了与此位置相联系的角色规定。"①张静认为,身份是社会成员在社会中的位置,其核心内容包括特定的权利、义务、责任、忠诚对象、认同和形式规则,还包括权利、责任和忠诚存在的合法化理由。因此,身份就是公民权利的社会配置与认同。②这两种对身份的理解具有一致性,都是在社会关系中将身份予以概念化,并都强调身份与一定的权利与责任相关。

身份是建构在与他人的关系之中的,因而身份也是多重的,每个个体、群体或社会机构与其他的个体、群体或社会机构有多少种关系,该个体、群体或社会机构就有多少种身份。随着个体、群体或社会机构与其他的个体、群体或社会机构的关系的改变,该个体、群体或社会机构的身份也随之变化。③在以往关于身份的社会学研究中,主要是以认同理论(identity theory)和社会认同理论(social identity theory)④为视角,基本上集中在宗教群体、农民工等群体的研究上,而有关拾荒者的学术研究较少。下面我们将对与身份建构相关的理论和经验研究以及与拾荒者相关的研究做一下文献梳理,并作简单的评述。

一、相关理论研究

(一) 身份/认同概念的演变

Identity⑤ 被译作"认同",其本身有两重含义:一是"本身、本体、身份",是对"我是谁"的认知;一是"相同性、一致性",是对与自己有相同性、一致性的事物的认知。它是对"某一事物与其他事物相区别的认可,其中包括其自身统一性中所具有的所有内部变化和多样性。这一事物被视为

---

① [英]安东尼·吉登斯:《现代性与自我认同》,赵旭东、方文、王铭铭译,北京:生活·读书·新知三联书店,1998 年,第 161—162 页。

② 张静:《身份认同研究——观念、态度、理据》,上海:上海人民出版社,2006 年,第 4 页。

③ Charles Tilly, *Identities*, *Boundaries*, *and Social Ties*, Boulder: Paradigm Publishers, 2005, p.8.

④ identity theory 有译作认同理论和认同身份理论两种,social identity theory 有译作社会认同理论和社会身份理论两种,本研究均采用前种译法。但在引文中,我们仍保持原文译法。此译文详见周晓红:《认同理论:社会学与心理学的分析路径》,《社会科学》2008 年第 4 期,第 46—53 页。

⑤ 目前关于认同、身份有两种译法:一种是将 identity 译为"身份",将 identification 译作"认同";另一种是将 identity 译作"认同",将 identification 译作"认同感"。除非特别需要说明,本书不做区分。另外,在行文过程中,为了便于表述,在不同语境中称之为"身份"或"认同"。

保持相同或具有同一性"。①认同是一个"求同"和"存异"同时发生的过程,前者指同一性,即"自我归类"(self-categorizing),后者指个性,即个人具有的不同于他人的鲜明的个性。②在身份概念的内涵中,认同包含着对我群一致性的认知,同时亦伴随着对他群差异性的认知。因此,对身份的研究也就是对个人与社会的关系、个体与群体的关系以及群体与群体的关系之研究。

　　传统社会向现代社会的转变,不仅表现在社会的政治、经济结构的转变,更重要的是表现在人类个体自身的转变。在传统社会中,个人与环境的社会建构过于紧密地交织在一起,一直很难看到特别的个体化的行为。在现代社会中,个人在空间上、经济上、精神上都越出了原有的所属关系的界限。③把社会的成员转变为个体是现代社会的特征,然而这一转变并非一劳永逸的行为,而是周而复始的重复活动。社会不断地分化,个体也不断地重新塑造着社会,任何一方都不会长期地固定不变。④以至于"在现代现象中,社会和文化制度以及个体的处身位置处于自己已然不知自身何在的位置"。⑤正因为如此,对现代人来说,"我们该如何定义人类个体? 我们是谁?"就成为一个永恒的问题,而 identity 一词的出现就是在二次世界大战以后,人们对这一永久问题的尝试性回答之产物。⑥弗洛伊德和精神分析理论、G. H. 米德和符号互动论、舒茨和知识社会学、涂尔干和结构功能主义、马克思和批判理论对社会学领域中的认同研究都产生了重要影响。⑦

　　Identity 原初是个哲学范畴,表示"变化中的同态或差别中的同一问

---

①　James M. Baldwin,*Dictionary of Philosophy and Psychology*,vol.1, New York：The Macmillan Company,1998,p.504.

②　李友梅、肖瑛、黄晓春:《社会认同:一种结构视野的分析》,上海:上海人民出版社,2007年,第3页。

③　刘小枫:《现代性社会理论绪论》,上海:上海三联书店,1998年,第22页。

④　[英]齐格蒙特·鲍曼:《个体化社会》,范祥涛译,上海:上海三联书店,2002年,第43—44页。

⑤　刘小枫:《现代性社会理论绪论》,上海:上海三联书店,1998年,第2页。

⑥　Andrew J. Weigert, J. Smith Teitge & Dennis W. Teitge, *Society and Identity：Toward a Sociological Psychology*, Cambridge：Cambridge University Press,1986.

⑦　有关身份概念的发展详见 Andrew J. Weigert, J. Smith Teitge & Dennis W. Teitge, *Society and Identity：Toward a Sociological Psychology*, Cambridge：Cambridge University Press,1986,pp.5—29.

题,如同一律"。①作为社会心理分析的技术术语,埃里克森(Erik H. Erikson)最早将其引入社会心理学。受弗洛伊德的影响,埃里克森在 20 世纪 40 年代首先在青少年心理分析研究中使用了"自我认同"(ego identity)②一词,并从心理分析和功能的角度将其定义为一种"群体心理现象"。在 1950 年出版的《儿童期与社会》一书中,他将"同一性"与"同一性危机"(identity crisisi)列入论述主题,并深入分析了同一性与早年经验的关系。③在后来的研究中,他进一步做了有关内在认同(inner identity)、认同扩散(identity diffusion)、整体与认同、族群认同、生命过程的认同发展等研究。埃里克森认为,由于现代社会从本质上是不断变化的、矛盾的和不确定的,因而认同危机(identity crisis)已经是现代人的典型的传记性的危机。与弗洛伊德认为人格发展是由其早期经历所决定的观点不同,埃里克森认为人格发展是终其一生的事情,人格发展的每个阶段都是由认同危机来定义的,一个稳定的自我认同源自对这些认同危机的解决。④

由米德开创的符号互动理论对耐尔森·富特(Nelson Foote)的认同研究产生了很大的影响。富特将人的动机解释为对某一群体认同的结果。富特将身份认同界定为:"对某一特定身份或一系列身份的占有和承诺(appropriation of and commitment to)。"富特认为,身份认同是一个过程,是通过命名(naming)来进行的:认同的概念是有关自我的产物。认同特别强调对立面,也就是重要他者的认可。这说明,认同是在自我与他人的关系中形成并得以维持的。

在一九五九年出版的《镜子与面具:关于认同的研究》一书中,斯特劳斯(Strauss)使"认同"成为社会心理学的一个技术术语,他认为认同必然与自己和他人对自我的重要评价相联系。虽然斯特劳斯从埃里克森那里借用了"认同"这个概念,但他的研究致力于融合符号互动论和社会组织

---

① 张海洋:《中国的多元文化与中国人的认同》,北京:民族出版社,2006 年,第 39 页。
② 社会心理学上多翻译为"自我同一性"。通常,就心理学意义上来说,所谓自我同一性,是指个体在实践活动中认识客观世界的同时也进行自我认识和自我实现。社会心理学把这种自我同一性过程看作是个体与社会的统一,个体的主体方面与被动方面的统一。详见世瑾:《宗教心理学》,北京:知识出版社,1989 年,第 21 页。
③ Erik H. Erikson, *Childhood and Society*, New Youk: Norton, 1950.
④ [美]戴维·波普诺:《社会学(第十版)》,李强等译,北京:中国人民大学出版社,1999 年,第 151 页。

的观点,将研究的重点置于人们相互之间如何连结在一起并受到这种连结的影响,以及如何通过这种连结而相互影响。斯特劳斯认为认同是一种互动的事实,它是由以下几个部分组成的:自我评价(来自自我和他人的)、个人的位置和评价、个人的各种名称、经历的和对生活过程有影响的各种变化。斯特劳斯的研究对符号互动论者、拟剧社会学家(如戈夫曼)和其他社会心理学家都产生了深远的影响。

　　20世纪60年代的各种社会运动将认同研究扩展到了更为宽泛的领域,"认同"逐渐成为一个综合性的概念,"情境"被引入到有关认同的研究中。格里高利·斯通(Gregory P. Stone)认为认同是个体在情境中(situated)所获得的一种意义,而且认同是不断变化的。这一概念将认同与社会关系联系起来,因为情境本身就是由个体对其在社会关系中的参与和成员身份的认知所塑造的。一九六三年,戈夫曼在《污名:受损身份管理札记》名著中继续分析了情境中的自我,并将之用于被污名化的群体研究,分析了他们如何呈现或试图隐藏被污名化的自我。戈夫曼将认同进一步细分为社会身份(social identity)、个人身份(personal identity)和自我身份(ego identity),并利用这种区分将"污名"定义为"特征和成见之间的一种特殊关系",认为:"社会身份的概念让我们去考虑污名化。个人身份的概念让我们去考虑信息控制在污名管理中的作用。自我身份的观念让我们去考虑此人会对污名及其管理怎么看,并引导我们对提供给他的与这些事情有关的建议予以特别关注。"①

　　认同研究者们不仅向符号互动论汲取理论资源,而且也汲取其他各种经典社会学理论、现象学研究等理论资源。皮特·伯格认为自己的认同概念得自于涂尔干、马克思、西美尔、韦伯等这些经典社会学家的著作和舒茨的社会现象学观点。在《社会学导论》(1963)一书中,皮特·伯格讨论了认同与角色理论的关系,并在其后一系列研究中将个人认同与社会过程联系起来,认为认同与其他意义一样是社会建构的,各种认同类型都不过是社会实在。而个人认同只是活跃于个人经验并镶嵌于个人身体中的社会实在。曼纽尔·卡斯特分析了认同与角色(roles)和角色设定(role-sets)的区别。他指出,角色是通过社会制度和组织所建构的规则

———————

① ［美］欧文·戈夫曼:《污名——受损身份管理札记》,宋立宏译,北京:商务印书馆,2009年,第2、4、76—79、143—144页。

来界定的。它对人们行为的影响程度如何,取决于个人与这些制度和组织之间的协商和安排如何。认同是行动者自身的意义来源,也是自身通过个体化(individuation)过程建构起来的。①

在 20 世纪 70 年代,有关认同的经验研究越来越多,斯崔克(Stryker)及其同事致力于通过认知、影响、行动领域来研究多重认同的呈现、功能以及转换关系,并将这种方法称为"认同理论"。认同理论应用定量研究方法,试图将社会心理学与社会学连结起来。在这一阶段,宗教研究应用了制度分析的研究方法。在《认同与神圣》(Identity and the Sacred)(1976)一书中,汉斯·莫尔(Hans Mol)提出了认同的形成与保持是宗教的核心功能观点。莫尔和其他沿袭其学术观点的学者的反思性研究,将认同—宗教的连结扩展到像美国这样现代的和大众化的社会之外,他们认为宗教在任何社会中都具有建立个人认同的基本功能。莫尔把宗教界定为"认同的神圣化",如此一来,认同就成为宗教理论分析的核心问题。他认为,就个人层次而言,认同是一个人在混沌环境中所占据的稳固方位,个人能够据之对外在环境做出积极的防御;就社会层次而言,认同是一个基本的及普遍拥有的信仰、规范及价值的综合,它能抵抗外在事物对其自身环境与成员的威胁并维持自身。②换言之,认同是一种有边界的意识,它能为个体和群体提供安全感。

在二十世纪末二十一世纪初,曼纽尔·卡斯特相继有三部著作问世,被誉为《信息时代三部曲》,其中第二部《认同的力量》主要探讨了在网络社会语境中认同的社会建构问题。他认为从社会学视角看,人们都很容易同意所有的认同都是建构起来的观点,但现实问题是认同是如何、从何处、通过谁、为了谁而建构起来的。"认同的建构所运用的材料来自历史、地理、生物,来自生产和再生产的制度,来自集体记忆和个人幻觉,也来自权力机器和宗教启示。但正是个人、社会团体和各个社会,才根据扎根于他们的社会结构和时空框架中的社会要素(determination)和文化规划(project),处理了所有这些材料,并重新安排了它们的意义。"③

---

① [美]曼纽尔·卡斯特:《认同的力量(第二版)》,曹荣湘译,北京:社会科学文献出版社,2006 年,第 5 页。

② Hans J. Mol, *Identity and the Sacred*. New York: The Free Press, 1976.

③ [美]曼纽尔·卡斯特:《认同的力量(第二版)》,曹荣湘译,北京:社会科学文献出版社,2006 年,第 6 页。

由于认同的社会建构总是发生在标有权力关系的语境里,因此卡斯特主张把建构认同的形式和来源分为三种:1.合法性认同(Legitimizing identity):由社会的支配性制度所引入,以扩展和合理化它们对社会行动者的支配;2.抗拒性认同(Resistance identity):由那些其地位和环境被支配性逻辑所贬低或诬蔑的行动者所拥有。这些行动者筑起了抵抗的战壕,并在不同于或相反于既有社会体制的原则基础上生存下来;3.规划性认同(Project identity):当社会行动者基于不管什么样的能到手的文化资料,而建构一种新的、重新界定其社会地位并因此寻求全面社会转型的认同。他进一步指出,每一种认同的建构过程都会导致一种独特的结果,合法性认同产生公民社会,也就是产生一套组织和制度,以及一系列被结构化的、组织化的社会行动者,这些社会行动者同时也再生产出合理化其结构性支配来源的认同;抗拒性认同导致了共同体的形成,即用支配性的制度和意识形态词汇建构出来的防卫性认同,在强化边界的同时翻转价值判断;规划性认同产生了阿兰·图海纳意义上的主体(subjects),"我把主体定义为成为一个个体的愿望,它创造了个人历史,赋予了个人生活经验的全部领域以意义……从个体转化成为主体有赖于两种身份的必然结合:一个是相对于共同体的个人,另一个是相对于市场的个人。"①

经过几代学者的努力,身份/认同概念已经从一个心理分析的技术术语转变为一个综合性的社会学概念。认同不只是一个简单的个人心理过程,它是在社会关系中形成,反映了个人与社会、个人与群体的关系;认同建构是一个过程性的、社会性的实践;对认同的研究必须被置于一定的情境中来考察,既要考虑到历史文化的影响,又要注意当下的具体社会结构、社会情境的制约;认同产生于同他者的关系之中,不同的关系产生不同的认同,关系的变化也会带来认同的变化;个人的认同是多重的,因此对身份的认同也是多重的。这些多重认同是分层次的,在不同的情境下会侧重于不同的认同。"行动者在多元社会力量的形塑下有多元品质或特征,行动者的认同必然是多元的;行动者多元品质或特征,都是自身对多元社会力量进行主观界定的结果,认同必然是主观性的;行动者的主观

① 〔美〕曼纽尔·卡斯特:《认同的力量(第二版)》,曹荣湘译,北京:社会科学文献出版社,2006年,第6页。

界定不是一蹴而就的,它面向多元力量之间的博弈和权衡,认同必然是动态的;行动者的主观界定不是私人性的,它以社会共识和社会协商为基础,认同必然是共识协商性的,或者说任何认同也都是社会认同(social identity);行动者并不总是对自身的某种品质或特征有积极的认知评价、情感体验和行动承诺,或者说,行动者有时会采取确定行动策略进行认同解构(identity deconstruction 或 de-identification)和认同重构(identity reconstruction)。认同建构、解构和重构过程,必然是能动的,同时也是微观社会变迁的基本动力。"①认同的多元化意味着身份的多元化;所有形式的认同并不是行动者对外在于自身社会力量的认同过程,而是行动者对因为社会力量雕刻而获得相对应的群体资格的认同建构或解构/重构过程,所以行动者及其多元群体资格应成为认同研究的中心。②因此,群体资格的获得过程就意味着身份的建构过程。

(二)认同理论

认同理论起源于美国微观社会学或符号互动理论,该理论为认同理论提供了理论基础。20 世纪 60 年代末,斯崔克(Stryker)在米德的符号互动论和威廉·詹姆斯的自我理论的基础上提出了认同理论。③认同理论根据自我和社会之间的交互关系来解释社会行为,因此,它与符号互动理论有着深远的渊源关系。

美国机能派心理学家威廉·詹姆斯率先提出自我(self)的概念。在此基础上,库利进一步提出自我是一个过程,并且是在同他人的交往或互动中产生的。在交往或互动过程中,个体相互作用,理解对方的姿态,并根据他人的看法认识和评价自己,因此一个人的自我意识或自我认同只不过是他意识到的他人对自己的看法之反映。每个他人都是自我的一面镜子,每种社会关系也都反映着自我,而这种社会关系对自我的反映就构成了自我的身份。这就是库利的"镜中我"概念④的核心内涵。

---

① 方文:《群体资格:社会认同事件的新路径》,《中国农业大学学报(社会科学版)》2008 年第 1 期,第 92 页。

② 方文:《群体资格:社会认同事件的新路径》,第 94 页。

③ Michael A. Hogg, Deborah J. Terry & Katherine M. White, "A Tale of Two Theories: A Critical Comparision of Identity Theory with Social Identity Theory," *Social Psychology Quarterly*, vol.58, no.4(1995), pp.255—269.

④ [美]库利:《人类本性与社会秩序》,包凡一、王源译,北京:华夏出版社,1989 年,第 118 页。

如果说库利奠定了美国微观社会学符号互动论的基础,那么继库利之后芝加哥学派的乔治·米德则让符号互动论具备了理论化的体系以致自成一派。米德认为在由单个的个人组成社会的过程中,精神和自我发挥了巨大的作用:精神首先是人类运用符号确定环境中包括自我在内的客体之能力,然后是理解常规姿势,并运用这些姿势去扮演他人角色的能力(taking the role of the other);而自我是由作为主体的自我"I"和作为客体的自我"me"构成,二者均是在同他人的互动过程中形成。在同他人互动过程中,自我经由玩耍阶段、游戏阶段和"概化他人"(gen-eralized others)阶段形成。在自我形成的三个阶段里均涉及角色的扮演,在玩耍阶段涉及单一角色的扮演,在游戏阶段涉及多重角色的扮演,而在"概化他人"阶段涉及不同的"被概化"角色类型的扮演。正因为如此,"概化他人"能够"将自我的统一性的有组织的社区或社会群体赋予个人"。①

在符号互动论的基础上,认同理论认为自我是导源于人们在社会扮演各种角色过程中的一种多重社会建构,由于在社会生活中扮演不同的角色,因此每个人的自我概念也不相同。斯崔克(Stryker)指出,相对于我们在社会生活中具有的每一种角色位置,我们都具有迥然不同的自我成分,即所谓的角色认同。②在认同理论看来,角色认同是各种自我知觉、自我参照认知或自我界定,人们能够将其作为他们所占据的结构性角色位置的结果加以运用;作为特定社会范畴的成员,人们的角色认同经历了标定或自我界定的过程。林德史密斯和施特劳斯认为,角色认同之所以能够为自我提供意义,不仅是因为它们提供了具体的角色规定,而且也是因为它们将那些相互关联的互补或对立的角色有效地区分开来。③

认同理论家们认为认同是反身性的,它是连接社会结构和个人行动的关键概念,因此若要预测人的行动,就需要分析自我和社会结构之

① George H. Mead, *Mind, Self, and Society*, Chicago: University of Chicago Press, 1934, p.154.
② Sheldon Stryker, *Symbolic Interactionism: A Social Structural Version*, Palo Alto: Benjamin/Cummings, 1980.
③ Alfred R. Lindesmith, Anselm L. Strauss. *Social Psychology*. New York: Holt, Rine-hart and Winston. 1956.

间的关系。①斯崔克认为一方面社会为各种角色提供了认同和自我的基础,另一方面自我也是社会行为的积极创造者。②蒂博特和凯利(Thibaut & Kelley)认为角色是社会中存在的对个体行为的期望系统,是占有一定地位的个体对自身的期望系统,同时也是占有一定地位的个体外显的可观察行为。③更有甚者,肖和康斯坦佐(Shaw & Costanzo)认为角色就是一个人在一定的社会背景下表现出的行为特征,④而伯克(Burke)则认为认同和社会结构实际上就是硬币的两面。⑤

为了进一步探讨认同对社会行为的影响,认同理论家们使用了认同突显(identities salience)和承诺(commitment)两个概念。认同突显概念表明自我认同是一个复杂的层级体系,在这一层级中处于较高位置的认同和行为的联系更为紧密,"这样,具有相同角色认同的人,因为认同突显程度的差异,在一个既定的环境中行为方式就可能迥然不同"。⑥承诺概念表明一种特定认同的突显程度取决于个人对某一角色的承诺程度,为此,斯崔克区分了两类承诺:一种为互动承诺,反映了与特定认同相联系的角色的数量;另一种为情感承诺,涉及与认同相联系的那些关系的重要性。⑦麦考(McCall)和西蒙斯(Simmons)认为认同突显的程度取决于:1.相关他人对认同的支持;2.个体自身对认同的承诺;3.由认同而获得的内部和外部收益。⑧由是观之,认同的承诺程度越强,认同的突显程度就越高;认同的突显程度越高,认同就越容易在情境中被激活。

①⑥　Michael A. Hogg, Deborah J. Terry & Katherine M. White, "A Tale of Two Theories: A Critical Comparision of Identity Theory with Social Identity Theory", *Social Psychology Quarterly*, vol.58, no.4(1995), pp.255—269.

②　Sheldon Stryker, *Symbolic Interactionism: A Social Structural Version*, Palo Alto: Benjamin/Cummings, 1980, p.350.

③　John W. Thibaut, Harold H. Kelley, *The Social Psychology of Groups*, New York: John Wiley & Sons, 1959.

④　M. E. Shaw, P. R. Costanzo, *Theories of Social Ssychology*, 2nd(ed.), New York: McGraw-Hill Book Company, 1982, p.296.

⑤　Peter J. Burke, "Identities and Social Structure: The 2003 Cooley-Mead Award Address", *Social Psychology Quarterly*, vol.67, no.1(2004), pp.5—15.

⑦　Sheldon Stryker, *Symbolic Interactionism: A Social Structural Version*, Palo Alto: Benjamin/Cummings, 1980.

⑧　Mark R. Leary, June P. Tangney, *Handbook of Self and Identitiy*, New York: Guilford Press, 2003.

总之,在符号互动论的基础上,认同理论发展了自我概念,认为自我作为社会的一种反映,应该被视作一种多维和组织化的结构,①并用自我和社会结构的关系来解释社会行为,它关注的是自我角色认同。

(三) 社会认同理论

社会认同理论源于欧洲,在英国社会心理学中占主导地位。该理论由泰弗尔(Henri Tajfel)等人在 20 世纪 70 年代创立并发展起来的,他们在研究群际行为、群际关系过程中提出这一理论。在 20 世纪 80 年代,泰弗尔的弟子特纳(John C. Turner)提出的自我分类理论(Sefl-categorization Theory)②进一步完善了社会认同理论。泰弗尔将社会认同定义为:"个体认识到他(或她)从属于特定社会群体,并且也认识到作为群体成员对他(或她)具有情感和价值意义。"换言之,社会认同就是对作为一个群体成员的自我界定。③"我们可以假定,当某些群体对个体社会认同的积极方面有所贡献时,个体倾向于保持该群体成员资格,或者追求获得新的群体成员资格。"④按照泰弗尔的观点,社会认同的界定是与个体从属于某一特定社会群体的认知,以及对这一群体的认同所带来的情感和价值意义相关联的。正是由于从属于不同的社会群体,个体才需要一个社会身份以确定自己在社会上的特殊位置。⑤社会认同理论认为,社会行为不能单从个人心理素质来解释,要较全面地理解社会行为,必须研究人们如何建构自己和他人的身份(identities)。这种差异身份的建构过程就是群体符号边界的形成过程。

人们会用自己或他人在某些社群的成员资格(group membership)来

---

① Michael A. Hogg, Deborah J. Terry & Katherine M. White, "A Tale of Two Theories: A Critical Comparision of Identity Theory with Social Identity Theory", *Social Psychology Quarterly*, vol.58, no.4(1995), pp.255—269.

② John C. Turner, "Social Categorization and the Self-Concept: A Social Cognitive Theory of Group Behavior", in E. J. Lawler, eds, *Advance in Group Process: Theory and Research*, vol.2, Greenwich, CT: JAI, 1985.

③ Abrams, Dominic, Michael A. Hogg, eds, *Social Identity Theory: Constructive and Critical Advances*, New York: Harvester Wheatsheaf, 1990, p.2.

④ Abrams, Dominic, Michael A. Hogg, eds, *Social Identity Theory: Constructive and Critical Advances*, New York: Harvester Wheatsheaf, 1990, p.28.

⑤ Deschamps, Jean-Claude, Thierry Devos, "Regarding the Relationship Between Social Identity and Personal Identity", in Stephen Worchel, J. Francisco Morales, Dario Paez and Jean-Claude Deschamps, eds, *Social Identity*, London: SAGE Pbublishications, 1998, p.5.

建构自己或他人的身份/认同。依据社群成员资格来建构的认同被称为社会认同(social identity),而依据个人的独特素质来建构的认同被称为个人认同(personal identity)。①社会认同是个体对自己与有相同背景的他人(即我们)的相似性的感知,同时也是对我们与其他群体或类属成员(即他们)的差异性的感知。社会认同同时包括了群体内的相似性与群际的差异性;对群体的认同程度越强烈,则群际的差异性越显著。个人认同是个体对自我的感知,即对自己在时间和空间上一致性的感知,同时也是对自己与他人(包括"我们"和"他们"中的他人)差异性的认知。社会认同最初源于群体成员身份。人们总是争取积极的社会认同,而这种积极的社会认同是通过内群体和相关的外群体的比较而获得的。如果没有获得满意的社会认同,个体就会离开他们的群体或想办法实现积极区分。人们会使用各种策略来进行区分。泰弗尔和特纳认为有三组变量会影响到群体间区分:1.人们主观上认同他们的内群体;2.情景允许比较;3.外群体必须是可以充分比较的。②社会认同理论强调社会认同与个人认同之间的联系,实际上认同本身就是由社会在每一个体身上建构起来的产物,是对每一个社会位置的调节。虽然认同是一种意识形态的建构,但这并不意味着它不是真实而有效的。认同是个体行动的指导原则,也是社会运行的基础。认同这一概念涉及的是个体与群体、个人与社会这两个常常被认为是冲突或对立的关系。③社会身份这一概念,直接揭示了在社会类属转变为群体的过程中所涉及的心理过程,而社会身份理论则可以被视为从社会学的视角来研究心理现象,它检视的是"个人中的群体",因为人们对自身的认同(自我概念、自我感知等)绝大部分源自他们所属的社会类别。④

---

① Michael A. Hogg, "Social Identity, Self-categorization, and Communication Small Groups", in Sh. Ng, C. Candling & C-y. Chiu, eds, *Language Matters: Communication, Culture, and Social Identity*. Hong Kong: City University of Hong Kong Press, 2004, pp.221—243. 转引自赵志裕、温静、谭俭邦:《社会认同的基本心理历程——香港回归中国的研究范例》,《社会学研究》2005 年第 5 期。

② 张莹瑞、佐斌:《社会认同理论及其发展》,《心理科学进展》2006 年第 3 期,第 476 页。

③ Deschamps, Jean-Claude, Thierry Devos, "Regarding the Relationship between Social Identity and Personal Identity", in Stephen Worchel, J. Francisco Morales, Dario Paez and Jean-Claude Deschamps, eds, *Social Identity*, London: SAGE Pbublishications, 1998, pp.1—6.

④ Michael A. Hogg, Dominic Abrams, *Social Identifications*, London and New York: Routledge, 1998, pp.17—19.

　　社会认同理论有关社会认同与社会比较的基本假设如下：1.个体力图维持或提高其自尊，他们力图获得积极的自我概念。2.社会群体或范畴及其成员认同，都与积极或消极的价值内涵相关联。因此，根据这些群体的评价（这些评价，在群体内部或群体之间，是社会共识性的），社会认同可以是积极的或消极的。而这些群体，是个体社会认同的来源。3.我属群体（one's own group）的评价，决定于对特定的他群体的参照。由此可以推出相关的理论命题：1.个人力图获得或维持积极的社会认同。2.在很大程度上，积极的社会认同，基于在内群体和相关的外群体之间所作的有利比较。3.当社会认同令人不满的时候，个体会力图离开其所属群体，并加入到更好的群体中，或力图使己群体变得更好。①

　　社会认同理论认为社会认同由三个基本历程组成：类化（categoriza-tion）、认同（identification）和比较（comparison）。类化是指个体将自己编入某一社群；认同是认为自己拥有该社群成员的普遍特征；比较是评价自己认同的社群相对于其他社群的优劣、地位和声誉。通过这三个历程，人们抬高自己的身价和自尊。当人们认同的社会身份受到攻击或威胁时，人们会在思维或行动上捍卫该群体的声誉；他们或在思想上肯定该群体成员共有的特征和价值，或以具体行动还击。当弱势社群成员感觉到所属社群在声望和权势上都比不上其他社群时，为了维护自尊，会采用多种应对方法，其中包括模仿强势社群以图自强，辨认一些所属社群比强势社群优胜的地方，或离弃所属社群，改为认同强势社群。②

　　社会认同理论认为，通过社会身份的认同和建构，人们不仅可以提高自尊，而且还可以减低无常感或提高认知安全感，满足归属感与个性的需要，消除人们对死亡的恐惧，找到存在的意义等。③社会认同理论关注的是个体对群体的认同，并将个体对群体的认同置于解释个体行为的核心位置。

_____

　　① ［英］亨利·泰弗尔、约翰·特纳：《群际行为的社会认同论》，方文译，《社会心理研究》2004年第2期。

　　② Michael A. Hogg, D. Abrams, *Social Identifications*: *A Social Psychology of Inter-pretation Relations and Group Processes*, London: Routledge, 1988. 转引自赵志裕、温静、谭俭邦：《社会认同的基本心理历程——香港回归中国的研究范例》，《社会学研究》2005年第5期。

　　③ 赵志裕、温静、谭俭邦：《社会认同的基本心理历程——香港回归中国的研究范例》，《社会学研究》2005年第5期，第206—214页。

二、身份建构的经验研究

关于身份建构的经验研究,一般集中在宗教群体和农民工群体,而宗教群体的身份建构研究又以基督教群体的身份建构研究居多。

(一)宗教群体身份建构研究

近年来,对基督宗教的经验研究越来越多。在这些研究中,已经有部分的研究涉及基督徒身份认同和身份建构问题,有的研究以此为主题,并且进行了有意义的探讨。

在《麦芒上的圣言——一个乡村天主教群体中的信仰和生活》一书中,吴飞通过研究一个村庄的信仰天主教的信徒群体,探讨了信徒个体对于自身宗教身份的理解与认同。他研究发现,在这个天主教群体中,信徒通过叙述自己有关宗教苦难的记忆形成了独特的群体认同。在这里,"诉苦绝不仅仅是简单地讲述痛苦,将身体的不幸转变为语言,而是要援用复杂的技术将各种支离破碎的痛苦总体化,尤其是将身体遭受的沉默的痛苦放在一个合情合理的框架中来言说,通过这种言说告诉我们,首先是告诉他们自己,他们是谁。痛苦,与对痛苦的讲述,成了回答'是谁'这个问题的关键,也因此成了历史关节点上政治斗争的关键。"[1]这种由教徒通过对自己宗教苦难的记忆而形成的群体认同具有一种伦理之外的政治性。信徒在完成宗教仪式,面对教义,面对神父,面对国家政策,以及对研究者谈起他们的宗教时,都有意或无意地把自己当成一个群体,他们对自己的天主教徒身份有着很高的认同度。吴飞在研究中注意到,天主教提供了一种宗教治理技术,这也有助于教徒的身份认同。这种治理技术是以其复杂的仪式为基础的。但是这种技术"似乎只是一种留下表面的认同度技术,一种尽管可以彼此相互指认,但却不能认识自身的认同技术。所以,这种认同技术,只能在日常生活的纹理中留下若有若无的痕迹"。"天主教恰恰因为有了这种技术,才能进入村庄,但也恰恰因为这种进入村庄的技术,才使它不能进入人的内心。能够进入生活,但却因此不能全面地重塑人的整个生活风格。"[2]由此我们看出,在这个天主教群体中,诉苦、仪式是他们建构身份及其身份认同的主要机制。

① 李猛:"代序——探寻他们是谁",吴飞:《麦芒上的圣言——一个乡村天主教群体中的信仰和生活》,香港:香港道风书社,2001年,第2页。
② 吴飞:《麦芒上的圣言——一个乡村天主教群体中的信仰和生活》,香港:香港道风书社,2001年,第7页。

张敏在《基督徒身份认同——浙江温州案例》①中,分析了基督徒个体对自身身份的认同和建构。根据身份获得路径的不同,张敏将基督徒分为"先赋的"基督徒和"自致的"基督徒两种途径。"先赋的"基督徒是由二至三代基督徒传统的家庭出身的,他们是从长辈那里继承了基督徒身份的,这样的基督徒往往是当地的宗教精英。"自致的"基督徒是指没有家庭信仰背景的、"后天的"基督徒。他们往往是由于治病、消灾等实用性原因来信仰基督教的,灵抑或灵验成为基督徒意涵的关键因素。而灵验的真实意涵就是对现世的某种希冀与坚守,恰恰是由于现实生活的缺失,造成了地方情境下基督徒对于"灵验"的重视。在这个研究中,我们看到了不同于诉苦以及仪式等身份建构的机制,而是继承和"灵验"机制建构了他们的宗教身份及其身份认同。

在《群体符号边界如何形成?——以北京基督新教群体为例》②一文中,方文探讨了在认同建构和终极意义追寻过程中,基督宗教群体如何形塑、强化和再生产我群体和他群体的符号边界。通过社会范畴化,基督群体和他群体之间的符号边界得以形成;通过社会比较过程所形成的群体符号边界,同时也就是群体符号边界得以不断强化的过程;而通过内群体惯例性的和典范性的社会行动,由群体记忆所承载的群体文化、群体风格和群体社会表征体系,以及群体符号边界得以不断地生产和再生产。由于社会行动者③有多重的群体资格或范畴身份,因此也就会形塑多重的群体符号边界。因为不同的群体资格对社会行动者的认同建构有不同的权重,群体符号边界也因此具有不同的强度和清晰度,而群体符号边界之跨越也因此有不同的难度。在基督徒群体中,其典范性和惯例性的社会行为主要是阅读圣经、祷告和团契。通过这些特定的社会行为,基督徒一

---

① 张敏:《基督徒的身份认同——浙江温州案例》,张静主编:《身份认同研究——观念、态度、理据》,上海:上海人民出版社,2006年,第85—146页。
② 方文:《群体符号边界如何形成?——以北京基督新教群体为例》,《社会学研究》2005年第1期,第25—29页。
③ 社会行动者是指社会行为的负荷者,他秉承确定的生物特质、援引相关的文化资源,在实际的社会语境中发生实际的社会行为。一方面,他是社会生活的参与者;另一方面他是社会生活的建构者。社会行动者不能还原为社会结构中的地位、身份或角色;也不能还原为个体稳定的人格特质或内在的欲望或冲动;他也不是特定的社会结构、社会制度、社会过程或文化规范的奴仆。作为整体的、不可分析的社会存在,社会行动者是生物行动者、文化行动者和社会能动者的三位一体。详见方文:《社会行动者》,北京:中国社会科学出版社,2002年。

方面强化自身的社会认同和群体记忆,生产和再生产我群体的群体风格和社会表征,另一方面不断地强化与他群体的区别和差异。在群体符号边界形成和强化过程中,社会范畴化、社会比较和惯例性典范性的社会行动是主要的群体符号边界的生产和再生产机制,从而建构了群体的身份,也为个体获得群体身份提供了路径。

李向平在探讨当代中国社会语境中的基督徒认同方式①时指出,就当代中国社会的变迁而言,基督教及其信仰者的身份认同及其合法性的获得,是一种新的社会身份和政治单位,如何经由新的社会建制被整合而进入社会的问题,是基督教及其信仰者所要面对的一个重要问题。因此,对于中国当代基督教来说,在他们的社会认同方式中,首先要实现的就是"计划性认同"(project identity)。计划性认同像一种蓝图设计,以能吸引社会大多数人,并不排除任何人的社会价值和规范性目标为原则,因此个人可以重新确定自己的社会地位,借以寻求社会结构的全面改造。通过这种计划性认同途径,他们可以表达基督教与中国当代社会的同质性,或修改基督教与生俱来的异质性。这种计划性认同的角度和路径表现在"爱国—爱教"的行动逻辑中。在李向平的分析框架中,基督徒的身份认同与其身份的合法化问题是一个过程的两个方面,两者必须紧密地与当代中国意识形态相扣连,这种宗教身份才能获得普遍的认同。当然他是在更为根本的问题上来谈论宗教身份的建构问题,而不是直接探讨基督徒身份的建构机制。从某种意义上说,这是宗教身份建构机制的方法论问题,因此,对具体的宗教身份建构具有重要的指导意义。

杨凤岗研究了在美国基督教文化背景下华人基督徒的身份问题。②通过对美国华府中国教会的经验研究,他指出华人基督徒正在经历身份建构与重构的过程。在美国的华人基督徒是一种复合身份,他们同时具有华人、美国人、基督徒三种身份,这三种身份彼此并不总是相互兼容的,而是经常处于紧张与冲突之中。中国和美国代表了差异较大的东方文化和西方文化,这两种文化的冲突在美国华人身上表现为华人身份和美国人身份的冲突;基督教信仰与华人价值的冲突,不仅在中国存在、在历史

---

① 李向平:《伦理·身份·认同——中国当代基督教徒的伦理生活》,《天风》2007 年第 7、9 期。

② 杨凤岗:《皈信·同化·叠合身份认同》,默言译,北京:民族出版社,2008 年。

上存在,而且在当下的华人基督徒身上依然存在;虽然美国被认为是基督教国家,但是基督教信仰与美国价值观之间存在的紧张和冲突,更多地反映在华人基督徒的代际差异上。正是在教会中,华人、美国人和基督教徒这三种身份融为一体,并且存在着不同的融合模式。第一种模式是"碎片整合"(fragmentary integration),即一个人可以保持一种主要的身份,同时从其他两者中吸纳一些价值或生活方式;第二种模式为"混合整合"(fusive integration),即把几种文化融合到一起,将两种或三种身份混合在一起,从而形成一种新的、不同于融合前任何一种身份的身份,但这种身份在每个身份群体中都是边缘的;第三种模式是"叠合整合"(adhesive integration),集多重身份于一身,同时保持每一种身份的主要特征,可以在不同的环境中选择不同的行为方式。这种复合身份对美国的华人基督徒来说,具有重要意义,因为他们的基督徒身份超越了世俗的华人、美国人的身份。他们相信基督徒身份为自己提供了一个绝对性的基础,在其之上,他们可以选择性地接受与拒绝某些华人或美国人的东西。

王莹在其博士论文《地方基督徒的身份建构研究——以中原地区 Y县基督教会为例》①中指出:基督徒皈信耶稣的路径主要有家庭信仰传统、疾病、遭遇生活困境和平安信主,他们有着明确的群体身份认同,表现在语言、思维方式、人际关系和生活方式等方面;"受洗"是获得基督徒身份的标志,"信与不信耶稣"是基督徒用于区分我群和他群的标准;在群际比较中,基督徒明显地给予我群高评价,从而促进了基督徒的身份认同;基督徒的宗教生活包括礼拜聚会、团契活动和祷告,这些宗教生活也增强了基督徒的群体身份认同;基督教的本土化过程,是基督教与地方传统文化的互动过程;灵歌是基督徒的地方性信仰形式,它采用当地流行的说唱艺术形式,配以基督教信仰的内容,使基督徒的身份表达具有了地方性特征;对中国传统葬礼的基督教化改造,成为基督教会进入社区公共生活的有效途径,也为基督徒提供了彰显宗教身份的舞台;随着当地基督教会的发展,基督徒的身份表达有从个体性、群体性到社会性表达的趋势,基督徒的身份建构是一种群体化建构模式,基督教的组织性是基督徒身份建构的重要影响因素。从这个研究中,我们可以看出地方基督身份建构的

---

① 王莹:《地方基督徒的身份建构研究——以中原地区 Y 县基督教会为例》,博士学位论文,上海大学社会学系,2008 年。

两种机制:一种机制是通过区分我群和他群以建构我群的身份,增强我群的归属感;另一种机制是试图通过对传统文化(例如传统葬礼)的改造以及自身(例如灵歌)的改造,使得我群同他群之间的界限缩小。这是一个矛盾的身份建构过程。矛盾的身份建构在杨凤岗的美国华人基督徒身份建构中已经出现,这说明在不同的或者相同的文化背景中,宗教身份的建构都在不同程度上面临着宗教身份的社会适应问题。换句话说,如何保持宗教身份的个体化特征,同时又保持其与社会的融合,是一个很值得研究的问题。

上述的这些研究都是以教徒或教徒群体为研究对象的,基本上是在围绕基督徒个体对自己及其所属群体的身份理解和认同问题而展开,而黄海波的《宗教性非营利组织的身份建构研究——以(上海)基督教青年会为个案》①研究,就是以宗教性非营利组织为研究对象。那么探讨组织的身份建构与个人或群体的身份建构又有着怎样的区别呢?通过研究发现,组织身份是组织成员集体性地对组织核心、持久且与众不同特性的理解和与认同:它通过组织的符号、结构与行动呈现,并被组织外部行动者所感知,用以评判组织的价值和意义。因此,组织身份具有引导与约束功能,这是由组织身份同既存的制度化行动领域相联系之特征决定的。通过对上海基督教青年会在不同历史时期组织身份建构的动因、结果以及条件的分析,该研究揭示了具有宗教背景的组织从事社会公益活动时所面临的身份难题来自不同领域合法性的差异性要求所形成的压力;组织通过身份建构使合法性的来源与类型发生变化,从而有效地整合不同领域的规范性要求,缓解合法性压力;身份建构得以进行并获得一定效果的条件是行动领域的多元化与制度化。这一过程对组织自身的影响就是形成了与宗教组织以及传统宗教慈善组织不同的非营利组织新类型——以宗教为基础的非营利组织。这种类型的组织为宗教因素在世俗性公益事业领域中的存在提供了有效的组织架构基础,它可以在清晰的制度规范所塑造的组织身份约束与引导下,汇集包括宗教资源在内的各种社会资源,与当前宗教组织主要在宗教领域内部开展的社会服务一起,共同增进了社会福利。由此看来,宗教性非营利组织的身份建构既不同于个人或

---

① 黄海波:《宗教性非营利组织的身份建构研究——以(上海)基督教青年会为个案》,博士学位论文,上海大学社会学系,2007年。

群体的身份建构，又不同于纯粹的宗教组织和宗教慈善组织的身份建构。宗教性非营利组织的身份建构主要是缓解不同领域的合法性压力，而对此解决途径就是将行动领域多元化与制度化。

（二）农民工身份建构研究

一般来说，"农民工"是处在社会底层的群体。据有关调查显示，目前我国平均外出时间大于六个月的流动人口已经超过一点二七亿，其中百分之七十八是从农村到城市的流动人口。学界关于农民工的研究甚多，但对他们的身份建构研究不是很多。"作为一个堪与'农民'、'城市居民'并存的身份类别，'农民工'在 80 年代以来的中国社会中，是由制度与文化共同建构的第三种身份。"[①]

陈映芳在《"农民工"：制度安排与身份认同》[②]中从"市民权"的概念入手，探讨了乡城迁移人员成为"非市民"的制度背景和身份建构机制。她认为在探讨某社会群体的市民权状况时，制度安排与身份认同可以被视为两个（一对）有意义的分析路径，循此路径，可以推论出：一种与市民权相关的社会事实的成立和维持，一方面有赖于制度的安排，另一方面也与相关群体的身份认同有关。她认为对既有户籍制度的政府需要是户籍制度以及"农民工"制度长期被维持的基本背景。这是"农民工"身份被建构的制度基础。在"农民工"身份建构的过程中，城市政府通过既有的户籍制度、城市行政管理系统和劳动部门、社会保障、公共教育等各系统将乡城迁移人员排除在"城市居民"之外，使乡城迁移人员成为事实上的"城市里的非城市人"，这样城市政府成功地将城乡二元的社会结构移植、复原于城市内部；同时知识分子以及大众媒体等知识、文化的生产者也才参与了对"农民工"身份类别的建构。这一特殊社会类别的被建构，一方面为城市的相关制度提供了某种正当性源泉，另一方面也给"城市居民"提供了一个确认外来者身份的优势立场，还给乡城迁移者本身提供了一个新的身份——"农民"与"城市居民"之外的第三重身份。而"农民工"对自身这种身份的认同和接受则是他们在城市中所经验到的相对剥夺。在这种情况下，对"我们是农民"身份的认同，可以被视为他们在感受相对剥夺

---

① 陈映芳：《"农民工"：制度安排与身份认同》，《社会学研究》2005 年第 3 期，第 130 页。

② 陈映芳：《"农民工"：制度安排与身份认同》，《社会学研究》2005 年第 3 期，第 119—244 页。

情况下,致力于自我保护的一种应对行为。因此,"农民工"身份是被建构出来的,一方面是制度建构,一方面是知识与文化建构,还有就是乡城迁移者自我建构,正是在这三种建构机制下,"农民工"身份成为由制度与文化建构的第三种身份。

与从"市民权"切入的路径不同,赵晔琴从社会建构的概念切入,以上海某棚户区的外来民工为对象,探讨他们进入城市后的身份建构机制。① 她与陈映芳都是在相同的制度背景下来探讨农民工身份建构的。但前者是从微观的角度,即日常生活中来探讨农民工身份的建构,而后者更多是在宏观背景下来探讨同样的问题。她承认在制度性的建构之外,日常生活世界也是身份建构的另一重要方面。在日常生活中"农民工"这种身份的建构与被建构与乡村迁移人员原来的"农民"身份记忆有关。通过研究者的访谈内容分析可以呈现出来这种相关性,因为被访者在叙述这些相关的记忆时,明显存在着一种共识,即对农村生活和共同迁移经历的记忆。此外,来自城市居民的"我们"和"他们"日常生活中的话语建构表述了他们与外来民工之间关系的最基本方式,也恰恰是在这种以"我们"和"他们"为基调延展开来的话语使得"农民工"身份被确认,并获得了广泛的认同。作为一种符号的"农民工"是政府、文化人、市民共同建构的产物,在这个过程中,农民工的边界越来越清晰,身份越来越严格,"农民工"符号越来越多地与脏的、土的、没有文化的意涵联系在一起。农民工与城市居民的混居或共同居住模式在日常生活中呈现出被结构化的群体差异,这种被社会性地建构起来的群体类别以及个体之间的日常互动构成了社会建构分析的基础。从日常生活的角度来探讨农民工的身份建构不失为一个好的创新,从中可以看到身份记忆、日常话语以及居住模式等在身份建构中的作用,从而与在宏观制度框架中来考察农民工身份建构形成了鲜明的对照。我们可以把从宏观和微观两个角度的研究看作是相互补充的,而不是相互竞争的关系,这也许更有利于我们对农民工身份建构的认识。

覃明兴也从建构主义理论探讨了移民②身份的建构问题。建构主义

---

① 赵晔琴:《农民工:日常生活中的身份建构与空间型构》,《社会》2007 年第 6 期,第 175—209 页。

② 从广义上说,农民工也属于移民范畴。作者在文中指出:"人们从原住国移民到另一个国家,从乡村迁往城市,从落后地区迁往发达地区……"从中也可以看出,这里的移民是包括农民工群体的。详见覃明兴:《移民的身份建构研究》,《浙江社会科学》2005 年第 1 期,第 89 页。

认为,身份是由行动者在互动中所形成的结构所决定的,但反过来又影响着建构的进程。建构意义上的身份专指有意义行为体的属性,尤其是社会属性,它排除了无意识行为体的表面特征。另外,身份的确定是一个认同过程,它必须得到与之相反的"他者"的认可才得以解决。这样对身份的形成和建构可以从两个方面把握,一个是过程的互动性,在互动中,行为体将自我身份的定位和对他者身份的期望赋予对方,他者根据自身方式做出相应的反应,这种反应又强加了自我对习得而来的身份和利益的定位;[①]另一方面,身份是自我认同身份和他人认可身份的统一。根据建构主义理论,覃明兴发现由于物理空间迁移而带来的身份焦虑和身份危机的移民群体,为了在新的居住地生存和发展,通过自我反思,与环境和其他群体的不断互动,运用各种身份谈判策略,确立身份标识,重新界定和解释自己的身份,构建与新环境一致的身份。研究发现,移民可以通过身份磋商的语言策略、建立移民团体、对地方风俗和社区历史的诠释以及社会运动等策略来确立新的身份。[②]但是这种身份建构机制似乎更适合跨国移民,因为他们有着强烈的获得该国公民资格和权利的愿望,而对于一国之内的移民或农民工来说,由于他们是"沉默的群体"[③],对自己在异地的权益采取不表达、不申诉的态度,因而这种身份建构机制在解释农民工的身份建构时具有局限性。

在《身份污名的建构与社会表征》[④]一文中,管健从社会表征的观点出发,将对农民工的污名现象放到社会大环境中去探究,试图揭示社会对身份污名的建构与形成机制。他重点探讨了两个问题:一个是城市居民对农民工存在何种形式的污名与歧视,农民工主要感受到何种形式的社会污名和歧视,水平如何;另一个是影响城市居民作出不同水平的、针对农民工的社会污名的因素是什么,不同农民工如果他们感受到不同水平的社会污名和歧视的话,那么其影响因素为何。他采用深度访谈和非参与观察的方法调查了一百三十八个个案。研究发现,城市居民对农民工

---

①　胡雪雷:《身份建构与利益转变——明治维新后日本身份变化的建构主义分析》,《东北亚论坛》2002 年第 2 期,第 62—63 页。

②　覃明兴:《移民的身份建构研究》,《浙江社会科学》2005 年第 1 期,第 90—93 页。

③　陈映芳:《"农民工":制度安排与身份认同》,《社会学研究》2005 年第 3 期,第 128—129 页。

④　管健:《身份污名的建构与社会表征——以天津 N 辖域的农民工为例》,《青年研究》2006 年第 3 期,第 21—27 页。

污名的主导形式表现在外貌举止、行为、人格质量与道德水平、怪异行为和内隐疾病等方面,并将其依次污名化为肮脏/没有素质/不文明、粗鲁/野蛮/不遵守城市规则、偷盗/违法犯罪、怪异/愚昧/精神疾病/性压抑和传染性疾病;而农民工感到污名既来自于普通城市居民,也来自政府工作人员,但他们认为空间距离是对其最大的歧视。研究发现,城市居民对农民工的污名有六种向度,分别是可见性、好感度、危险度、来源性、时间性和交往性。①身份污名的产生机制②可以被表述为施加污名者对承受污名者贴负面标签,然后将被贴上负面标签的人从"我们"当中分离出去成为"他们",并予以区别对待/隔离,从而导致了被贴标签者丧失地位,产生焦虑。这样又强化了施加污名者对承受污名者的歧视,最后公众污名化形成,并导致了承受污名者的内心认同,自我污名化产生。研究者还注意到,在身份污名化过程中,媒体传播、社会环境以及舆论等也发挥了重要作用。虽然这个研究是在探讨身份是如何被污名化的,但是被污名化后的身份与被污名化前的身份存在着根本的区别,这就是说,身份污名应该涉及两种身份,而被污名化后的身份恰恰是在被污名化前身份的基础上被建构起来的。正是在这点上,我们认为该研究属于农民工身份建构研究的范畴。

三、拾荒者研究

从现有的文献检索来看,对拾荒者的研究大多从循环经济、城市管理的视角展开,探讨如何发挥拾荒者的经济功能以及如何对其实施社会管理。社会学和人类学对该群体也有所研究,但不够深入且数量较少。本研究主要对社会学和人类学关于拾荒者的研究文献做一梳理。

（一）拾荒者群体生存状况研究

要对某一社会现象展开研究,首先必须把这个现象描述清楚,把事实呈现出来。对群体研究也是如此,首先要揭示这个群体的存在状态及其

---

① 可见性指外表的外化印象影响对污名的认知和推测;好感度指对他人的反感或喜好度影响污名建构;危险度指推测他人的危险性,是否通过接触与交往会带来不安全感;来源性指来源地点、省份和家庭背景影响污名形成;时间性指外出打工的时间及在本地生活时间影响污名认知;交往性指交往性和污名程度呈现显负相关。详见管健:《身份污名的建构与社会表征——以天津 N 辖域的农民工为例》,《青年研究》2006 年第 3 期,第 24 页。

② 管健:《身份污名的建构与社会表征——以天津 N 辖域的农民工为例》,《青年研究》2006 年第 3 期,第 25 页。

特征。张寒梅是国内较早关注拾荒群体的学者,她于一九九八年十一月至二〇〇一年三月在贵阳拾荒地调查若干次,通过采用访谈、参与、观察等方法,较全面地了解了拾荒群体的生活与精神状态。她将我们通常所说的"拾荒"分为广义和狭义两种:广义"拾荒"应该包括"收荒""收购"等在内的废旧物品回收利用的全过程;狭义的"拾荒"主要指从废弃物中"捡拾""分拣出售"的行为。她重点关注了狭义的拾荒者,认为这些拾荒者之所以出来拾荒主要与家庭贫困相关。①她的调查目的更多是为了让社会关注这个边缘化的群体,而不是解释他们为什么成为拾荒群体以及如何改善拾荒群体的生存环境等。因此,这种研究更像是新闻调查,而不是严格意义上的学术研究。但这种研究是必要的,因为它让我们把视线投向了这些特殊的群体。

陈松在其硕士论文《都市拾荒者群体的生存形态研究——以南京地区为例》中认为,都市拾荒者是个特殊的社会群体,他运用参与观察的田野调查法,通过对拾荒者的生活情景、群体结构的研究,揭示了现今都市拾荒者的生存形态以及这个群体在社会生活中产生的实际影响与作用。他认为拾荒者是一定社会历史条件的产物,其历史和现实的生存形态是随着社会生产方式和生活方式的变迁而不断衍变的。20世纪90年代以来,都市拾荒者的生存形态已经从传统的废弃物捡拾向半职业化和职业化的废旧物资回收业转化,并且在拾荒者内部已经形成明显层级界限和等级关系,捡拾者、流动拾荒者和固定拾荒者是其内部的三个层级群体。由于层级地位的不同,三个群体在社会交往、群体认同、价值观念上存在着差异,并形成了其自身的内部互动模式和外部社会关系。他认为拾荒者由于身份的双重性,对城市和农村的社会生活都产生了一定的影响,进城拾荒是一种农村劳动力低成本的转移方式,对于目前的城市生活和废旧物资的回收利用有着不可或缺的作用。同时,由于拾荒者群体处于城市生活的边缘地位,缺乏有效的社会管理和引导,致使这一灰色地带也会产生社会问题和隐患。因此,深入考察和研究这个群体的生存形态,有针对性地加强社会管理,建立起规范的城市废旧物资回收业,引导农村劳动力有序地从事这个行业,无疑是现实城市社会管理中必须解决的一个社

---

① 张寒梅:《城市拾荒人——对一个边缘群体生存现状的思考》,贵阳:贵州人民出版社,2001年。

会问题。[1]陈的研究更多地属于描述性研究,一方面揭示了拾荒者群体的社会功能,另一方面也揭示了拾荒者群体的结构,并指出了拾荒者群体的不同层级在社会交往、群体认同以及价值观念等方面具有的差异。但他尚停留在描述层次,而没有深入地挖掘导致他们这种社会交往模式、群体认同现状以及价值观念差异的原因,以及这些影响因素是如何发挥作用的。

由北京社会科学院金汕主持的《北京拾荒大军调查报告》以翔实的材料,对北京拾荒人员的构成特征与社会属性、拾荒大军的生存状态、拾荒大军与和谐社会、治理拾荒的对策建议等方面进行了分析,认为拾荒大军逐渐壮大已成为不得不面对的问题,他们既给社会增长了财富,也给社会带来隐患;既让废品成为了财富,也让城市变得混乱无序;既给城市减少了垃圾,也使得城市平添了不少都市里的村庄。他们发现目前在北京拾荒大军已达三十万人左右,一年从北京捡走三十亿元人民币。课题组通过明察暗访和个别访谈等方式,在公安干警的配合下,以随机抽样的方式调查与走访了一百五十位拾荒者。这些拾荒者具有如下特征:(1)从人数上看,河南人最多;(2)从原因上看,主要是农村相对贫困和地少人多;(3)从年龄上看,中青年居多;(4)从发展趋势上看,"夫妻店"增多;[2](5)从居住条件看,老乡群居多;(6)季节性捡拾少,职业性捡拾多;(7)基本形成收拾一体;[3](8)近水楼台者在增加;[4](9)北京的弱势群体也开始拾荒;(10)收入在减少。除了上述特征以外,他们还具有都市边缘人特有的社会属性:第一,社会经济地位低下;第二,群体人数绝对数量大但对社会影响力小,常被都市人歧视,自卑感强;第三,大多来自经济不发达且离北京较近的省份;第四,文化知识水平低,无学历,大多小学甚至文盲,没有一技之长;第五,对自己目前的社会地位抱有宿命论的态度。也正是因

---

[1] 陈松:《都市拾荒者群体的生存形态研究——以南京地区为例》,硕士学位论文,南京师范大学社会学与社会工作系,2006年。

[2] 所谓"夫妻店"就是指夫妇两个都从事拾荒。据《北京拾荒大军调查报告》中,一位拾荒者的妻子告诉调查人员说:"别的地方咱不知道,反正我们老乡在北京捡拾废品的40岁以下的都是两口子来的,我们村七十多户人家,家家都是两口子来的。"

[3] 所谓"收拾一体"就是指有的拾荒者以收购废品为主,辅助捡拾;有的拾荒者以捡拾废品为主,辅助收购。

[4] 指小区保洁卫生员加入拾荒大军,通过与小区保安沟通,不允许外人进入小区收捡废品。

为拾荒者在都市的这种社会经济地位,导致了他们人格扭曲,法制观念缺乏,或在犯罪的边缘游弋,或已跌进犯罪深渊,素质较低,给城市管理带来很大难度。针对北京拾荒大军对城市社会这种矛盾的作用地位,课题组坦诚"通过这个'角落'课题,我们进一步了解了这些特殊人群,不管我们是否意识到这个问题的紧迫性,'都市边缘人'中的拾荒大军已经到了非重视不可的程度了"。对此,课题组提出了治理拾荒人群的对策,包括:(1)政府市场结合,疏堵结合,管建并举;(2)分类到家、八不准收;(3)应设直接管理部门;(4)加强对拾荒流动人口的管理;(5)尽快立法,促进公司化管理,形成行业协会。①该研究不仅较为全面地了解了北京拾荒大军的生存状况及存在的问题,而且针对这些问题提供了对策,应该说这是一项对策性研究。它不仅让我们认识了北京的拾荒者群体,而且也有助于我们了解其他城市的拾荒者群体。不过由于这是以首都北京的拾荒者群体为研究对象,而北京是政治中心,这种特殊的城市地位,是否会对拾荒者群体产生影响,他们与其他城市拾荒者群体有何差异,也很值得研究。例如《北京拾荒大军调查报告》认为,上访人群滞留北京是拾荒队伍增大的不可忽视因素,另外,通过假冒上访人,拾荒者可以节省回家路费。这种现象在其他城市拾荒者中是否也存在,是一个很有趣的话题。

(二) 拾荒者社区研究

作为城市的他者,拾荒者群体如何生活,他们的生活区域能否成为一个社区,这种社区是怎么形成的,又是如何融入城市社会结构的,学者们就这些问题进行了探讨。

陈伟东和李雪萍考察了在黄石市黄石港区胜阳街道办事处颐阳路社区一个自称为"破烂王部落"的拾荒者社区,主要探讨这个社区共同体的形成机制。从生产条件、生活条件、居住条件以及社会关系看,部落成员具有高度同质性。部落是一个既不同于农村家族社会,又不同于城市社会单位的特殊共同体,其特殊性表现在部落成员的自我雇佣、居住条件、生产方式以及消费方式等。农村经济体制改革使得农民获得了土地经营权与收益权以及社会流动的权利和机会,加之部落社区长期处于政府、单位和居委会"三不管"地带,从而使得部落社区的形成成为可能。部落成

---

① 金汕:《北京拾荒大军调查报告系列》,2008 年 8 月 13 日,http://blog.titan24.com/jinshan,2010 年 2 月 2 日。

员与家庭成员的权利契约、与火车站之间的地皮租赁契约、部落成员之间的契约以及与政府之间的合作协议等,这些契约表明了契约双方对权利的认同,从而使可能的社区成为现实的社区。他们认为"破烂王部落"社区的形成主要是基于权利的认同从而形成一种自治秩序。部落内部成员之间以及他们与外部权利主体之间自愿缔结契约关系,在互动中形成共同体(破烂王部落);为适应城市社区建设需要,破烂王党支部成立,破烂王党支部的权利认同由体制外进入体制内;部落成员与社区居民形成互惠性的政治关系,双方在互惠中增进信任,培育互助和自治能力,积累着社区发展的社会资本。①该研究利用权利的认同解释了"破烂王部落"社区成立及其合法性获得的路径,从而为拾荒者融入城市社会提供了可能的经验。在他们看来,"破烂王部落"是一个融入了城市社会结构的外来社区。

同样关于拾荒者社区的另一项研究由中山大学周大鸣教授主持,该项研究名为"广州兴丰垃圾场拾荒者研究",这是目前人类学对拾荒者群体所做的较为系统而全面的研究。该研究依次探讨了垃圾场上的空间政治、社区生活以及社区工作三个主题,然后将拾荒者社区定位于底边社会,并应用乔建根据韦伯的理论提出的底边社会的框架分析了拾荒者社区。该研究认为政府、地方势力、拾荒老板和普通拾荒者的互动构成了垃圾场的特定社会空间,而这个空间其实质是社会关系的生产,空间背后的权力逻辑在支配着空间的生产。通过对兴丰垃圾场上拾荒者日常生活的描述,该研究认为拾荒者的社区生活体现出了都市与乡村的混合特征,在一定程度上维持了相对活跃的公共生活,一个新型的都市社区已显露雏形。通过对拾荒者日常工作的描述,该研究认为由于拾荒者所拥有的社会资源的匮乏和其他结构性因素,他们所拥有的生活机会和选择都极其有限。由于职业需要,他们的生活环境简陋,工作环境恶劣,劳动强度较大,他们的工作为国家资源的循环作出了贡献。最后,该研究认为无论是政府管理部门对拾荒者的忽视,或是北城当地人对拾荒者的歧视,还是拾荒者本人对自己命运的认识,都深深地刻上了拾荒及拾荒者所蕴含的特定符号意义的烙印,这些意识和态度

---

① 陈伟东、李雪萍:《自治共同体的权利认同——对一个拾荒者社区的考察》,《当代世界社会主义问题》2002 年第 3 期,第 28—39 页。

都直接与拾荒者所处的社会地位相关。①在这项研究中,拾荒者社区并没有像"破烂王部落"那样融入城市社会结构中,它的形成不是权利认同的结果,而是政府、地方势力、拾荒老板和普通拾荒者互动的结果。那么这两种社区形成机制(一个是互动,另一个是基于权利的认同)的不同能否解释这两个社区对城市社会结构融入程度的差异,这些都是值得探讨的。

四、对已有研究的评价及其启示

围绕本研究中拾荒者的自我身份建构这个核心问题,我们从三个方面回顾了相关的文献,即身份建构的理论研究、身份建构的经验研究以及拾荒者的研究。

首先,身份建构的理论研究主要有认同理论和社会认同理论两种。②从文献梳理来看,两种认同理论都非常强调结构以及由社会建构的自我(认同或社会认同)的功能,即将自我视为社会结构与个体行为的中介物,强调社会和自我之间的交互关系,并都讨论了认同内化及其被用来界定自我的方式:认同理论注重标定(labeling)或命名(naming)一个人为某种社会类别以及承诺的过程,而社会认同理论注重社会自居作用(social identification)和自我分类的过程。③"这两种理论都强调作为社会建构的自我的社会属性,并且都回避将自我视为独立于或前在于社会的观点。它们都认为这个自我分化成了属于特定实践活动(如规范或角色)的多重认同,并且它们使用相似的术语和相似性的语言,尽管这些术语或语言常

---

① 相关研究成果详见周大鸣、李翠玲:《垃圾场上的空间政治——以广州兴丰垃圾场为例》,《广西民族大学学报(哲学社会科学版)》2007 年第 5 期,第 31—36 页;周大鸣、李翠玲:《拾荒者的社区生活:都市新移民聚落研究》,《广西民族大学学报(哲学社会科学版)》2007 年第 6期,第 50—54 页;周大鸣、李翠玲:《拾荒者的社区工作:都市新移民聚落研究》,《广西民族大学学报》(哲学社会科学版)2008 年第 1 期,第 36—42 页;周大鸣、李翠玲:《拾荒者与底边社会:都市新移民聚落研究》,《广西民族大学学报(哲学社会科学版)》2008 年第 2 期,第 46—49 页。

② 从现有的文献来看,已有经验研究主要以认同理论和社会认同理论为视角,但我们也发现有些研究者声称以社会建构理论为视角。不过我们认为,社会建构理论与认同理论和社会认同理论不属于同一理论层次,前者属于宏观层次的理论,而后者属于中观层次的理论。另外,即使以社会建构理论为视角的研究,实际上仍旧是在探讨身份/认同问题,因此,本研究没有将社会建构理论作为身份研究理论之一种。

③ 周晓虹:《认同理论:社会学与心理学的分析路径》,《社会科学》2008 年第 4 期,第51 页。

常具有不同的含义(如认同、认同突显、承诺等等)。"①然而,两种认同理论的区别也是明显的:认同理论关注人们在社会生活中承担的角色以及与角色相关的各种认同之间的关系,而社会认同理论关注群体间的关系和群体过程;认同理论较少关注认同背后的认知过程,而社会认同理论对此予以较多的关注;认同理论强调行为角色和角色认同,而社会认同理论强调社会类别身份;认同理论倾向于将认同视为一种相对静态的角色特征,强调影响到角色的建构和再建构的社会互动背景的动力特征,而社会认同理论将认同视为一种既能适应长期的群际关系变化又能对应瞬间的互动背景之动力结构,而且注重认同过程中的社会认知机制。②

不论是以角色为认同基础的认同理论,还是以群体为认同基础的社会认同理论,都为拾荒者的身份认同和身份建构研究提供了有益的理论资源,因为拾荒者既可以作为一种角色来看待,也可以作为一个群体来看待。然而认同理论和社会认同理论,对于中国研究者而言,都是源自西方的社会实践,因此在不同社会语境中对身份的理解存在较大差异。正如方文指出的,"身份"在中文里主要指"地位",③而这种差异与中西方社会结构紧密相关。西方社会结构是一种"团体格局",团体具有一定的界限,而且界限明晰,群己关系明确,强调平等和个人的权利;中国社会结构是"差序格局",群己关系没有明确的界分,人情、关系具有特别重要的意义。④在个体主义的西方社会,不同的团体身份,就意味着不同的权利和义务;而在中国的语境中,显然情况不会如此简单,不仅身份和权利与义务之间的关系模糊,而且权利和义务本身也并不明确。拾荒者的身份认同和身份建构研究或许为这种中西方的社会结构差异又添加了一个注脚。从这个意义上来说,拾荒者的身份建构研究具有一定的理论和现实意义。

其次,身份建构的经验研究主要集中在对身份建构机制的研究上,并且发现了许多不同的身份建构机制。关于宗教群体的身份建构方面,例

① Michael A. Hogg, Deborah J. Terry & Katherine M. White, "A Tale of Two Theories: A Critical Comparision of Identity Theory with Social Identity Theory", *Social Psychology Quarterly*, vol.58, no.4(1995), pp.255—269.

② 周晓虹:《认同理论:社会学与心理学的分析路径》,《社会科学》2008年第4期,第52页。

③ 方文:《群体资格:社会认同事件的新路径》,《中国农业大学学报(社会科学版)》2008年第1期,第92页。

④ 费孝通:《乡土中国 生育制度》,北京:北京大学出版社,1998年,第25—27页。

如，吴飞的天主教群体中的诉苦、仪式，张敏的继承和"灵验"机制，方文的社会范畴化、社会比较和惯例性典范性的社会行动，杨凤岗的"碎片整合""混合整合"以及"叠合整合"的划分，等等；关于农民工的身份建构方面，例如陈映芳的以户籍制度为根基的制度建构、来自知识分子和大众媒体的文化建构以及城乡迁移者的自我建构划分，赵晔琴的日常生活中的身份记忆、话语以及居住模式等。这些身份建构机制涉及群体或个体的行为、心理、制度、文化以及空间等维度，也就是说，考察身份的建构机制，我们可以从上述几个方面予以展开，因而为今后的身份建构研究奠定了基础。

再次，拾荒者的经验研究主要集中在对拾荒者群体的生存状况描述以及拾荒者社区的研究上，这些研究为我们呈现了拾荒者的社会轮廓，为我们进一步研究拾荒者提供了基础。例如张寒梅对贵阳地区拾荒者的调查，陈松的都市拾荒者群体的生存形态研究，金汕的北京拾荒大军的调查报告等，这几个研究主要是揭示拾荒者的生存状况的，它们的意义更多的是引起政府与社会关注这个群体，因而现实关怀更显著一些。而在对拾荒者社区的研究中，学术关怀要多于现实关怀，例如陈伟东和李雪萍对"破烂王部落"社区的形成机制研究，以及周大鸣教授主持的"广州兴丰垃圾场拾荒者研究"等。

已有研究存在的不足主要表现在：

第一，研究对象范围较窄。从已有的文献来看，身份建构的经验研究主要集中在宗教群体和农民工群体，而在对宗教群体/教徒身份的研究中，又集中于基督教群体。对农民工身份建构的研究又主要集中在乡城迁移者，实际上在不同农村地区以及不同城市地区之间也存在着迁移现象。因此，从研究对象范围来看，已有的经验研究对其他社会群体的关注较少。

第二，研究内容单一。已有的有关身份建构的经验研究主要集中在身份建构机制的探讨上，而没有对这些建构机制之间可能存在的关系做出分析。在本研究中，我们将对此予以关注。

第三，不论在理论研究还是经验研究中，已有的身份建构研究并没有对身份主体、身份与身份认同之间的关系做出具体区分，似乎身份主体建构某种身份就会必然地认同某种身份，而这种身份认同又会进一步促使身份主体去建构该身份。但问题在于当身份主体对某身份并不予以认同，且又继续建构或维持该身份时，即身份主体与身份之间的非统一性状态出现时,身份主体、身份与身份认同之间又是怎样的关系,却没有得到应有的关注。①

第四,在有限的关于拾荒者群体的研究中,表面的多于深层的,描述多于分析,经验多于理论,甚至没有理论。

第五,在身份建构研究与拾荒者群体的研究之间出现断裂。也就是说,在身份建构研究中,拾荒者群体缺席了;而在拾荒者群体的研究中,身份建构研究缺席了。这种相互缺席的格局不利于我们对拾荒者群体的全面而深刻的认识,也不利于身份建构理论的丰富和发展。

我们认为已有的相关研究对本研究有着如下启示:

首先,我们要改变身份建构研究与拾荒者群体研究相互分离的状况,将身处底层社会的拾荒者群体进一步纳入社会学学科视野之中。

其次,针对已有研究对身份主体与身份之间的非统一性缺乏足够的关注,本研究将对此种情况做出深入分析,并将这种状态下的身份概念化为矛盾性身份,同时分析矛盾性身份的形成及其维持机制。在后文中,我们将专辟章节予以论述。

再次,在身份建构的研究中,我们不仅要研究身份建构的机制,揭示出身份建构机制的类型学划分及其运作过程,还需要揭示这些建构机制之间可能存在着怎样的关系,等等。换句话说,我们的研究不仅试图揭示身份建构机制的"类型",而且试图揭示身份建构机制相互关联模式。

本 章 小 结

在本章中,通过对拾荒者群体的关注,我们提出了本研究的核心问题,即在面临着来自他人强烈的社会歧视和偏见的情况下,拾荒者是如何建构自我身份的。为此,我们梳理了身份建构的相关理论与经验研究,包括认同理论和社会认同理论、宗教群体身份建构研究、农民工身份建构研究等;同时,我们也梳理了有关拾荒者的研究。在相关文献梳理的基础上,我们对已有研究进行了评价,并进一步指出它们对本研究的启示。最后,我们指出了本研究的可能理论与现实意义。

---

① 关于身份主体与身份之间的非统一性状态下的身份,本研究将其概念化为矛盾性身份,并在第五章中详加论述。

第二章 研究设计

在本章中,我们将首先介绍调查点的选取以及资料收集情况,并对个案进行简单的描述,以勾勒出个案的基本情况。接着,我们将对本研究中涉及的核心概念,例如拾荒者、身份、矛盾性身份等,予以界定,并对研究方法做出说明。最后我们将介绍本研究的研究思路、分析框架以及章节安排等。

第一节 调查点的选取和资料收集

一、上海市宝山区现状①

宝山区位于上海市北部,东北濒长江,东临黄浦江,南与杨浦、虹口、静安、普陀四区毗连,西与嘉定区交界,西北隅与江苏省太仓市为邻,横贯中部的蕴藻浜将全区分成南北两部,吴淞大桥、蕰川路大桥、江杨路大桥、沪太路大桥横跨其上。全境东西长十七点五公里,南北宽约二十三点零八公里,区域面积二百九十三点七一平方公里。宝山区辖友谊路、吴淞、张庙等三个街道,月浦、罗店、大场、杨行、罗泾、顾村、高境、庙行、淞南等九个镇。到二○○八年底,常住总人口为一百四十一万六千四百五十人,户籍总人口为八十四万六千九百四十五人。截至二○○八年末,宝山区常住人口密度为每平方公里四千八百二十三人,户籍人口密度为每平方公里两千八百五十一人,外来流动人口总数五十八万四千一百九十一人,外来流动人口密度为每平方公里一千九百八十九人。

宝山是上海的北大门,重要的钢铁生产基地、港口集装箱生产和出口基地及能源、水源、副食品生产、供应基地。二○○八年实现地区生产总值一千零八十五点九九亿元,按可比价计算,比上年增长百分之五点六,

---

① 佚名:《宝山概况》,http://bsq.sh.gov.cn,2010 年 2 月 5 日。

占全市生产总值的百分之七点九。经济总量的不断扩大,为全区财源的增加奠定了基础。2008 年全区实现财政总收入 140.14 亿元,其中区地方财政收入五十七点四八亿元,比上年增长百分之十点二,占财政总收入的百分之四十一。

宝山作为上海重要的"钢、港"基地,"二、三、一"产业特征明显。2008年区域经济第一、二、三产业增加值分别为二点四亿元、七百三十一点二七亿元和三百五十二点三二亿元。2008 年宝山区生产总值占全市生产总值的比重为百分之七点九,其中第一、二、三产业占全市比重分别为百分之二点一、百分之十一点七和百分之四点八。工业、建筑业和交通运输仓储邮政业三个行业在全市所占份额较高,分别达到百分之十一点六、百分之十三点四和百分之九点一,其次是房地产业和批发零售业,分别占百分之五点四和百分之四点七。

宝山是以精品钢制造及其延伸业为主的重工业基地。2008 年以宝钢股份为主的精品钢制造业实现工业总产值一千四百三十八点六亿元,占全市精品钢制造业总产值的百分之八十六;实现利润总额六十二点三亿元;上缴税金 70.8 亿元。

近年来,宝山区积极发挥区位和区域优势,大力发展现代服务业和先进制造业,促进二、三产业融合发展、共同发展。2008 年实现区级增加值507.03 亿元,按可比价计算比上年增长百分之十四,区级三次产业结构的比例关系为百分之 0.4、百分之 48.9 和百分之 52.7,二、三产业共同推动经济增长的格局稳固。

笔者选择宝山区作为调查点主要基于如下考虑:首先,因为宝山是上海的大东北,又地处城乡接合部,外来人口较多,适合拾荒者生活,因而宝山区是一个拾荒者相对集中的区域;其次,笔者就读的学校恰巧处于宝山区,为了研究的方便,所以宝山区也成为首选。需要指出的是,虽然笔者以宝山区为主,但调查范围也不局限于该地区,例如笔者在普陀区的桃浦镇也进行了调查采访。

二、资料收集

笔者于 2009 年六月份开始收集第一手资料,首先试图通过隐瞒身份、参与式观察的方法进行,但通过接触几个拾荒者个案之后,笔者打消了这个念头,因为他们警惕性很高,不愿意和陌生人接触。后来笔者带着身份证、硕士学位证书、硕士毕业证书以及学生证等证件,直接公开身份,采用半结构式访谈,并通过给每位受访者二十元补贴的方式去采访他们,却收到了良好的效果。访谈的内容涉及个人基本信息、家庭结构情况、从业经历、当前职业以及当前职业的评价(受访者、家人、亲戚、朋友、邻居等的评价)、社会交往、文化娱乐以及今后打算,但访谈内容不局限于访谈提纲。采访的地点有的就地采访,有的把笔者带回家①里采访。在采访现场,一般都是笔者和受访者两人。

　　不过笔者在采访之前,就把笔者的身份和补贴的事宜告诉他们,也说明了采访的目的,一般来说,他们都愿意接受采访,但也有拒访的。②拒访的原因有的以为笔者是记者,担心采访他们之后会登上报纸或者在电视上播放,而他们害怕被家乡人知道,认为那样会很丢脸,所以拒绝采访。笔者遇到过这样一个个案,一个河南籍男性拾荒者,他的儿子因病去世,儿媳妇带着孙子改嫁,然后老伴又去世了,自己的腿断了,里面至今还有固定骨骼的钢筋,就这样为了生活他出来拾荒。笔者想采访他,他拒绝了。他拒绝的理由是自己太惨了,不想提往事,对此他还向笔者表达了歉意。笔者还遇到安徽籍阜阳地区的一对拾荒者夫妇。不幸的是他们的儿子也在不久前去世了,邻居告诉笔者他们还在痛苦之中,所以拒绝采访。不过通过与这对夫妇的简单交流,他们并没有提到儿子去世给其带来的悲痛,而是说出了拒绝采访的理由是,即使自己接受采访了,别人也不能改变他们的生活环境,也就是"采访没用"。当遇到这些准受访者问起采访有什么用的时候,笔者就会这样回答他们:"你们的工作为城市美化了环境,对城市的发展做出了很大的贡献,但是你们却得不到城里人的认可,他们瞧不起你们。作为社会上许多像你们这样的捡破烂的人,大家在城里生活都很不容易,可以说没有人关心你们。那么你们自己怎么办?难道一辈子甚至几辈子就捡破烂吗?肯定不行!所以你们要找原因,是什么原因让自己走到今天这一步。而找原因并不是件简单的事情,所以我们知识分子来帮你们分析,找原因,所以我要采访你们。但是你也不能说我今天采访你了,你明天就不用捡破烂为生了。为什么你们只有靠捡

---

①　这里的家是指拾荒者的租住处或者自己搭建的简易住处。

②　客观地说,虽然有的拾荒者拒访不利于调查研究的进行,但这也从另一个侧面提供了关于拾荒者的特征。因而笔者没有把拾荒者的拒访看作是调查研究的不成功之表现,而是将其视作是调查研究的必要组成部分,他们与那些接受采访的拾荒者一样,为笔者提供了有益的素材。

破烂为生？社会原因很复杂，尽管原因复杂，我们也要去努力分析它，而我们的采访就是第一步。"在笔者讲完这些话后，大部分人都接受了采访。因为要想顺利进行采访，首先必须取得他们的信任。而博取他们信任的首要条件就是让他们感觉到我不是一个"他者"，而和他们是"一伙"的，这样他们才愿意和笔者交流，这也算是笔者进入现场的一个策略！根据笔者自己的感觉，还有拒绝采访的就是以为笔者是骗子，因为他们基本不识字，看不懂笔者出示的证件，也不愿意听笔者的解释。不过以这种理由拒绝采访的拾荒者是少数。

那么笔者是怎么选择采访对象的呢？笔者认为有必要在这里交代一下。对于采访对象的选择，笔者采用非概率的偶遇抽样和雪球抽样的方法，具体做法是：笔者每天早晨从学校出发，骑着自行车沿着公路观察；当笔者遇到拾荒者的时候，就会主动去跟他或她打招呼，拿出证件，说明采访的意图；如果他或她接受采访，笔者就就地进行采访，或者找一个安静的地方进行采访，因为笔者要录音并且照相；在采访结束后，笔者会问他或她能否介绍其他的拾荒者给笔者认识，有的确实给笔者介绍了新的采访对象；如果他或她不能介绍的话，笔者会继续在公路上寻找新的采访对象。就这样笔者于 2009 年六月、七月与八月在普陀与宝山两个区，重点在宝山区的大场镇、祁连镇以及普陀的桃浦镇，通过非概率的偶遇抽样和雪球抽样的方法采访了三十七位拾荒者，并给三十六位拾荒者拍了照片，①有的留下联系方式或者临时住所的地址，以备回访。

三、个案概况

笔者通过非概率的偶遇抽样和雪球抽样的方法，采用半结构式访谈法访谈了三十七位拾荒者。这些拾荒者分别来自安徽十五人，江苏十一人，湖北两人，山东一人，河南五人，上海两人，江西一人，其中男性二十九人，女性八人。他们主要来自安徽省和江苏省，且以男性为主，占总数的百分之七十八点四；他们年龄最小二十八岁，最大八十岁，其中三十岁以下一人，三十至三十九岁两人，四十至四十九岁七人，五十至五十九岁十

---

① 最后一位河南籍的拾荒者现在已不再从事拾荒了，而是办起了废品回收站，这种废品回收站没有正规的经营执照。他向拾荒者收购废品，然后再转卖给更大的废品回收站，或者直接向厂家供货。笔者曾说明每个受访者需要配合拍张照片，以增加材料的真实性，但遭到他的拒绝。

八人,六十至六十九岁七人,七十至七十九岁一人,八十岁以上一人,其中以五十至五十九岁年龄段的老年人居多,占总数的百分之四十八点六;他们文化程度普遍较低,其中文盲十六人,具有小学文化水平的有十四人(含扫盲班),初中文化水平的有四人,高中文化水平的有三人(含中专),文盲及小学文化水平的拾荒者居多,占总数的百分之八十一点一;他们的职业基本上都是农民;笔者对他们的采访时间最长达三个多小时,最少为四十分钟,平均每人一小时二十分钟,受访者录音材料已整理成约五十四万字的文字材料,并根据访谈顺序对受访者进行了编码。

表一:个案概况

编号	姓名	性别	年龄	文化程度	职业	籍 贯	访谈时间	访谈地点
1	LQW	男	54	文盲	农民	江苏省徐州市铁富乡	2009.6.23	住处
2	GGM	男	55	初中	农民	江苏省淮安市流均镇	2009.6.24	就地
3	WGF	男	28	小学	农民	安徽省利辛县	2009.6.25	上大体院
4	LYK	男	57	小学	农民	江苏省宝应县	2009.6.25	就地
5	QJB	男	59	小学	农民	湖北省利川县	2009.6.26	就地
6	GSF	女	65	文盲	农民	安徽省无为县	2009.6.26	租住处
7	YPL	男	57	文盲	农民	安徽省阜阳市	2009.6.27	住处
8	LSC	男	55	中专	农民	山东省仓山县	2009.6.27	就地
9	ZJS	男	45	文盲	农民	江苏省淮安市流均镇	2009.6.28	就地
10	LWC	男	59	小学	农民	河南省沈丘县	2009.6.28	就地
11	LHQ	男	54	小学	农民	安徽省颍上县	2009.6.29	就地
12	YXY	女	67	初中	农民	河南省祁县	2009.6.29	租住处
13	ZCC	男	57	初中	无业	上海市(暂无户口)	2009.6.30	租住处
14	SZH	男	43	小学	农民	安徽省利辛县	2009.6.30	租住处
15	LLF	男	62	文盲	农民	安徽省肥东县	2009.7.5	租住处
16	CSM	女	44	文盲	农民	江苏省兴化县	2009.7.8	就地
17	WTJ	男	80	文盲	农民	江苏省东台县	2009.7.8	住处
18	JGH	女	68	文盲	无业	上海市宝山区	2009.7.9	就地
19	ZZX	男	45	初中	农民	江苏省邳州市土山镇	2009.7.9	租住处

编号	姓名	性别	年龄	文化程度	职业	籍　　贯	访谈时间	访谈地点
20	AZJ	男	70	文盲	农民	安徽省肥西县	2009.7.13	租住处
21	LFR	女	58	小学	农民	湖北省孝感市三叉镇	2009.7.14	租住处
22	HYZ	女	50	文盲	农民	江苏省宝应县	2009.7.14	就地
23	FWJ	女	58	文盲	农民	安徽省寿县	2009.7.17	租住处
24	WXJ	男	47	小学	农民	江苏省邳州市铁富乡	2009.7.17	就地
25	WHQ	男	61	小学	农民	安徽省利辛县	2009.7.19	就地
26	ZRH	男	51	小学	农民	河南省夏邑县	2009.7.20	就地
27	YJZ	女	58	文盲	农民	安徽省颍上县	2009.7.21	上大 A 楼
28	GYQ	男	58	文盲	农民	安徽省利辛县	2009.7.21	租住处
29	JSB	男	52	高中	农民	江苏省泗阳县	2009.7.23	就地
30	NL	女	37	扫盲班	农民	安徽省利辛县	2009.7.23	就地
31	WLQ	男	59	文盲	农民	江西省鹰潭市	2009.7.23	就地
32	CKW	男	56	文盲	农民	安徽省颍上县	2009.7.23	就地
33	CRS	男	63	小学	农民	江苏省(县名不详)	2009.7.25	就地
34	WCY	男	36	小学	农民	安徽省涡阳县	2009.7.26	就地
35	LYX	女	43	小学	农民	安徽省凤阳县	2009.7.26	就地
36	LXR	女	60	文盲	农民	河南省丹城县	2009.7.27	就地
37	ZZL	男	43	高中	农民	河南省(县名不详)	2009.8.1	租住处

说明:

1. 为遵循学术规范,受访者姓名均用汉语拼音代替。

2. 职业主要指与户籍制度相关的身份。

3. 小学文化程度指小学及小学未毕业,初中文化程度指初中及初中未毕业,高中文化程度指高中及高中未毕业。

4. 因为受访者的方言较多,有些地名听不清楚,故标注为"县名不详"。

5. 受访者没有做出回答的问题,用"未知"表示。

6. 访谈地点分为住处、租住处和就地三种类型。住处指受访者自己搭建的房子,不用交房租和其他费用;租住处指受访者租住的房子,需要交房租和其他费用;就地指随时随地的采访地点。

第二节 概念界定与研究方法

一、概念界定

拾荒者、身份、矛盾性身份

(一)拾荒者

张寒梅指出,通常我们所说的"拾荒"应该分为广义和狭义两种。广义"拾荒"应指包括"收荒""收购"等在内的废旧物品回收利用的全过程。而狭义的"拾荒"主要指从废弃物中"捡拾""分拣出售"的行为。[①]本研究从广义上使用"拾荒"的概念,即本研究的研究对象不仅包括"捡拾""分拣出售"的拾荒者,而且也包括直接向居民收购废品的废物回收人员,在本研究中他们一概被称为"拾荒者"。在笔者的实地调查中发现,前类拾荒者的主要特征是他们不需要支付成本,而是直接捡拾废品出售给废品回收站获取收入;后类拾荒者需要支付成本从居民手中收购废品,然后再出售给废品收购站,从中赚取差价,从而获取收入。

同时,本研究采用"拾荒"和"拾荒者"的说法而没有采用诸如"废品回收者""废品回收利用者"等说法,主要是为了遵循人们的习惯表达,而并不表示笔者对该群体具有价值判断。此外,张寒梅认为"拾荒"是对废品回收利用行为的一种文学性的称呼。笔者也认为,只要"拾荒""拾荒者"概念没有引起歧义,能够让研究者尽量保持价值中立的话,文学性的称呼更容易被人们接受和理解。

(二)身份

中国古汉语中多单字,一个字往往可以表达多种意思,身份一词即由"身"字衍生而来。按照《说文解字》的解释,"身,身吕也。像人之形,从人,厂声。""身"字最初的意思是指人的身躯,后逐渐衍生出多种意思,与身份相关的释义主要包括:1.泛指人身;2.自己、自身;3.自身品节、行为、财力等;4.亲自;5.地位或身份。[②]

---

① 张寒梅:《城市拾荒人——对一个边缘群体生存现状的思考》,贵阳:贵州人民出版社,2001年,第7页。

② 以上相关出处分别为:"我闻其声,不见其身"(《诗·小雅·何人斯》);"朕、余、躬,身也"(《尔雅·译诂·下》);"吾日三省吾身""事君能致其身"(《论语·学而》);"身,亲也"(《尔雅》);"不降其职,不辱其身"(《论语·微子》)。

　　身份,亦作身分,在古汉语中有两种意思:一是指人的出身、地位或资格。如:《颜氏家训·省事》:"吾自南及北,未尝一言与人论身分也。"一是指模样、姿态。如:《水浒》第三十三回:"[武松]把那打虎的身份、拳脚,细说了一遍。"在现代汉语中,模样、姿势的意思已经基本上不再使用了,主要用法是指自身所处的位置,或者受人尊重的地位。①

　　一般说来,汉语中的"身份"一词可以对应英语中的"status"或"identity"。Status 是指个人的社会、法律、职业位置或地位,也可指重要地位、重要身份。Status 往往强调阶序性,即在与他人的关系中处于较高的位置上。也可将 status 表述为:"在一个团体或社会的机构中所界定的位置,经由其所指定的权利与义务,使其和其他地位有别但亦相关。"②由此可见,status 更侧重于社会结构中较为稳定的、静态的位置,是传统社会的身份特征。

　　Identity 则是指 who somebody is or what something is,是对人或事物本体、本身的认识,是一种事实判断而非价值判断,identity 本身没有高低、好坏之分,在这一意义上的身份常见的如性别、年龄、身高、体重等;社会身份是根据社会特征、群体特征来建构身份的,是社会学研究的对象。Identity 是现代契约型社会的身份特征。在本研究中,我们关注的是拾荒者的职业身份以及由此引发的自我身份③与社会身份,其中自我身份是研究的重点。

_____

　　① 详见辞海编辑委员会:《辞海》,上海:上海辞书出版社,1999 年,第 5585 页;许伟建:《古汉语词典》,长春:吉林文史出版社 1998 年,第 313 页;商务印书馆编辑部:《辞源》,北京:商务印书馆,1983 年,第 3011 页;王同忆:《语言大典(下)》,海口:三环出版社,1999 年,第 3020—3021 页;古汉语大词典编辑部:《古汉语大词典》,上海:上海辞书出版社,2000 年,第 2400 页;中国社会科学院语言研究所词典编辑室:《现代汉语词典(第五版)》,北京:商务印书馆,2005 年,第 1028 页。

　　② 朱岑楼:《社会学辞典》,彭怀真译,台北:五南图书出版公司,1991 年,第 868 页。

　　③ 欧文·戈夫曼在《污名——受损身份管理札记》一书中对社会身份、个体身份与自我身份进行了区分。"因此,一位陌生人一来到面前,其外表给人的第一印象,就有可能让我们预见到他的类型和特征,即他的'社会身份'(social identity)";"我所谓的个人身份只包含前两种观念:明确记号或身份挂钩,以及生平细节的独一无二的组合。这种组合与此人联系起来,并借助这些挂钩确认他的身份。""要想更好地理解这两种身份(笔者注:社会身份与个人身份),可以把它们并在一起,和埃里克森(Erikson)及其他人所谓的'自我'身份或'感觉到的'(felt)身份对照,后者是对他自身处境、自身连续性及自身特征的主观感受,一个人有了各种社会经验,便会产生这种感受。"详见[美]欧文·戈夫曼:《污名——受损身份管理札记》,宋立宏译,北京:商务印书馆,2009 年,第 2、78、143 页。本研究所指的自我身份是戈夫曼意义上使用的。

　　我们对于身份的探究不能仅仅停留在概念上,而要放到中、西方不同的社会语境中来讨论。关于中、西方社会的比较,费孝通和梁漱溟都有过精辟的论述。费孝通称西方的社会结构为"团体格局",并形象地比喻为"捆柴",即在社会中存在很多团体,每个人都分属一定的团体,一个人也可以同时属于不同的团体。团体是有一定的界限的,并且分界很清晰,即群己关系明确,强调的是平等和个人的权利。①正是在这样的团体生活基础上产生了社会公德,即公共观念、纪律习惯、组织能力和法治精神,从而使法制成为社会"秩序以立,群情以安"之必要。②

　　与西方社会团体格局不同,中国社会结构则是"差序格局","就像把一块石头丢在水面上所产生的一圈圈推出去的波纹。每个人都是他社会影响所推出去的圈子的中心。"每一个网络有个"己"作为中心,各个网络的中心都不同。在这样的社会结构中,群己关系是没有明确的界分的,人情、关系具有了特别重要的意义。③故而梁漱溟称中国为"伦理本位""关系本位"的社会,认为中国人缺乏集团生活而倚重家族生活,"举整个社会关系而一概家庭化之",不似西方注重团体与个人的关系,从而社会本身成为一个没有边界,不形成对抗的"组织"。④在这样的社会结构中,国家与社会没有明确的分界,更不存在独立于国家、并与国家对立的社会。⑤

　　西方社会是权利本位的公民社会,国家、团体、个人各有其明确的权利和义务,只要具有了明确的团体资格即社会身份,就能享有相应的权利,也要遵守相应的义务,其社会规范是刚性的。而中国社会是义务本位的社会,它没有明确的群己界限。己是可以确定的,而群则是模糊的,群的边界伸缩自如,所以也就谈不上团体的权利和义务了。在这样的社会中,很难有普适性的行为标准,社会规范也是弹性的,行为标准随着社会关系的变化而变化。所以,在中国社会语境中,身份与权利和义务之间的关系往往具有较大的变动性。

---

①　费孝通:《乡土中国　生育制度》,北京:北京大学出版社,1998 年,第 25 页。

②　梁漱溟:《中国文化要义》,上海:学林出版社,1987 年,第 64—65 页。

③　费孝通:《乡土中国　生育制度》,北京:北京大学出版社,1998 年,第 25—27 页。

④　梁漱溟:《中国文化要义》,上海:学林出版社,1987 年,第 77—80 页。

⑤　参见罗威廉(William T. Rowe):《晚清帝国的"市民社会问题"》,黄宗智(Philip C. C. Huang):《中国的"公共领域"与"市民社会"》,邓正来、[英]亚历山大:《国家与市民社会——一种社会理论的研究路路径》,北京:中央编译出版社,2005 年。

（三）矛盾性身份

在本研究中，矛盾性身份①是在身份的概念基础上发展而来的。本研究中的身份是指 identity 而不是 status。正如笔者在身份概念界定中指出的那样，它是指对人或事物本体、本身的认识，是一种事实判断而非价值判断。但是当这种身份被赋予不同的、甚至相互矛盾的社会意义时，它就成为一个价值判断的身份概念了。而身份主体对这种价值判断的身份持认同态度时就是我们通常所说的"选我所爱，爱我所选"以及"干一行爱一行"等说法所表达的社会学意义。但当身份主体对这种价值判断的身份持否定态度时，也就是说出现了身份主体与身份之间非统一性状态时，或者说身份主体对身份缺乏认同时，但身份主体又继续建构或维持这种身份，那么这种身份对于身份主体来说就是矛盾性身份。因此，矛盾性身份的本质要素包括：第一，它涉及的是身份主体与身份的关系；第二，身份主体不认同该身份；第三，身份主体继续建构或维持该身份，无论出于何种原因；②第四，它是在与身份主体的关系中形成与维持。

二、研究方法

本研究属于定性研究，利用深度访谈法、观察法、文献法，辅助以录音及摄像等设备收集第一手材料，并对这些录音材料进行编码，整理。为了核实某些细节，笔者也曾对相关的受访者进行二次回访，进一步充实了材料。

（一）深度访谈法

所谓访谈法（Interview）指的是研究者通过与被访问对象的直接的口头交谈来获得有关社会事实的资料的过程。③按照不同的分类标准，访谈

① 本研究中矛盾性身份概念受美国社会学家埃里克·欧林·赖特的"阶级关系中矛盾的地位"概念的启发。在赖特看来，传统的二元阶级对立的分析框架已经不适合当代资本主义的社会现实，因此他提出了"阶级关系中矛盾的地位"以强调阶级结构—阶级构成关系的相对不确定性的性质。他指出"中间阶级"既可以与资产阶级联盟作为剥削阶级而存在，又可以与"工人阶级"联盟作为被剥削阶级而存在，因此"中间阶级"在阶级关系中处于矛盾的地位。详见［美］埃里克·欧林·赖特：《阶级》，刘磊、吕梁山译，北京：高等教育出版社，2006年，第46—52、124—127页；吕梁山：《赖特的阶级理论研究》，北京：中共中央党校出版社，2007年，第28—37页。

② 矛盾性身份的一个本质要素是"身份主体继续建构或维持该身份"，至于身份主体继续建构或维持该身份的动机不是矛盾性身份概念的构成要素，但身份主体继续建构或维持该身份的行为本身是其构成要素之一。

③ 风笑天：《社会研究方法》，北京：高等教育出版社，2006年，第233页。

法可分为个别访谈与集体访谈、直接访谈与间接访谈、正规访谈与非正规访谈，以及结构访谈、半结构访谈与无结构访谈等。本研究采用半结构访谈法，访谈内容涉及个人基本信息、家庭结构情况、从业经历、当前职业以及当前职业的评价（受访者、家人、亲戚、朋友、邻居等的评价）、社会交往、文化娱乐以及今后打算等，但访谈内容不局限于访谈提纲。采访的地点有的就地采访，有的把笔者带回家①里采访。为了准确理解和便于整理材料，笔者对采访过程全程录音，并在访谈结束后，给每一位受访者拍照（其中一人拒绝）。②在采访现场，一般只有笔者和受访者两人。

（二）观察法

观察法是指观察者根据研究课题，利用眼睛、耳朵等感觉器官和其他科学手段，有目地对研究对象进行考察，以取得研究所需资料的一种方法。根据不同的分类标准，观察法可分为参与观察与非参与观察、结构式观察与无结构式观察以及直接观察与间接观察等。③在访谈法的基础上，本研究结合观察法以弥补访谈法的不足，进一步充实田野资料。为此，笔者进入拾荒者居住的地方，观察他们的言谈、居住条件、生活条件以及活动空间等；此外，也跟随他们观察其拾荒过程。

（三）文献法

英国著名人类学家弗雷泽说："一个时代对于新知识积累的总和所贡献的数量是很小的，更不用说一个人所能增添的数量了；忽视那些大量积累起来的知识，吹嘘我们自己可能增加上去的点滴知识，这种做法除了不知感恩以外，还暴露出愚蠢或不诚实。关于现代甚至古希腊罗马时代对人类总的进展所作的贡献，目前不会有低估的危险。"④因此，我们在对任何领域的研究时，当然不能忽视现有的"大量积累起来的知识"。通过查阅相关文献来了解目前有关拾荒者的研究情况，同时通过查阅报纸等刊物了解社会、政府以及媒体对拾荒者的关注程度以及关注的内容。此外，通过文献阅读，了解了有关身份建构研究的理论和经验研究的进展情况。

由于拾荒者是个特殊的群体，他们一般不愿与陌生人接近，因此很难

---

① 这里的家是指拾荒者的租住处或者自己搭建的简易住处。

② 本书中所有照片均由笔者拍摄，不经笔者同意，禁止转载。

③ 袁方、林彬：《社会调查原理与方法》，北京：高等教育出版社，1990年，第277—280页。

④ 刘魁立：《金枝精要——巫术与宗教之研究》，上海：上海文艺出版社，2001年，第243页。

获得他们的信任从而接受访谈。他们一般文化程度非常低,不会说普通话,这给交流也造成很大的困难。由于他们流动性大,因此难以进行二次访谈。针对上述情况,笔者带上相关证件,并付给他们一定的物质补偿,通过录音、摄像等方式,尽量把调研的困难降到最小,以获得最真实的第一手资料。

尽管笔者采用各种方法,尽量保持研究的客观性与科学性,但由于各种主、客观条件的限制,本研究具有一定的局限性。本研究的调查点主要集中在城乡接合部,这种独特的地理位置表明,在这个区域的拾荒者群体与城区的拾荒者群体以及农村地区的拾荒者群体可能存在较大差异。本研究对调查对象的选择采用了非概率抽样的方法,因此本研究的研究结论不宜做大范围的推广。此外,由于访谈资料均来自受访拾荒者的口述,口述内容的真实性难以获得足够保证。①最后,本研究缺少拾荒者家乡人对他们的看法和评价的资料,同时也缺乏他们在家乡的生活和社会地位状况方面的材料,这是本研究材料方面的不足之处。

第三节　研究思路和分析框架

一、研究思路

本研究以拾荒者为研究对象,以拾荒者的身份建构为研究主题,以拾荒者在面临着来自他人强烈的社会歧视和偏见情况下如何建构自我身份为核心研究问题。围绕着拾荒者如何建构自我身份的核心问题,我们可以将其分解为如下几个子问题:

第一个子问题:在面临来自他人强烈的社会歧视和偏见情况下,拾荒者如何认知自我身份的。

第二个子问题:在此自我身份认知的基础上,拾荒者是如何建构自我身份的,以抵抗这种身份歧视和偏见。

第三个子问题:矛盾性身份是何以可能的。在前面两个问题的基数上,我们提出了矛盾性身份概念,试图对身份理论有所推进。

通过对上述三个子问题的探讨,基本上就可以对本研究的核心问题

---

① 虽然受访者的口述内容是否真实不得而知,但在没有特别说明的情况下,其内容均被视作真实的。

做一个较为完整的回答。拾荒者作为一个特殊的群体,他们的身份建构所面临的外部环境不同于一般群体,这种特殊性就在于社会对他们持有强烈的社会歧视和偏见,这种社会歧视和偏见会影响到拾荒者的自我身份认知,进而影响到他们建构自我身份的动机、用于建构自我身份的资源、资源获得方式、行动策略以及对自我身份的认同,等等。本研究主要从拾荒者的视角来研究自我身份建构问题的,这与以往研究身份建构时从他者的视角来研究不同,它可以更加清晰、更加完整地呈现出身份建构对身份主体的意义及其建构逻辑。

二、分析框架及章节安排

（一）分析框架

沿着上述的研究思路,本研究的分析框架可以分为四大部分:

第一部分主要分析面临来自他人对拾荒者身份的强烈社会歧视和偏见的情况下,拾荒者是如何认知自我身份的。我们将按照三种类型的拾荒者分别予以探讨,分析每种类型拾荒者的自我身份认知图式的构造。

第二部分主要分析在拾荒者自我身份认知的基础上,他们如何建构自我身份以抵抗来自他人对其身份的社会歧视和偏见,这是本研究重点探讨的问题。我们将具体分析三种类型的拾荒者建构自我身份的动机,分别动用何种以及如何动用资源来建构自我身份。在动用资源的过程中,他们采取了哪些行动策略,又是通过哪些身份建构机制实现自我身份建构的。

第三部分主要分析矛盾性身份是何以可能的,这是本研究重点探讨的另一个问题。矛盾性身份是本研究中提出的一个新概念,指在身份相对于身份主体的关系中,在身份主体对身份不予以认同的情况下继续建构或维持的身份,我们将此时的身份概念化为矛盾性身份。这个时候身份主体和身份处于非统一性状态,即身份主体对身份缺乏认同。我们将以拾荒者为个案,具体分析矛盾性身份的界定及其特征,分析矛盾性身份是如何形成又是如何维持的。

第四部分主要是总结本研究的一些发现及其不足,并提出进一步研究的可能性空间。

（二）章节安排

全书分为六章,具体如下:

第一章　导论

在本章中,我们通过对一个特殊社会群体即拾荒者的关注,提出本研究的核心问题,并就该问题的相关研究做一文献梳理与评述,同时指出本研究具有的可能理论与现实意义。

第二章　研究设计

在本章中,我们首先介绍了调查点的选取以及资料收集情况,并对个案进行了简单的描述,勾勒出个案的基本情况。接着,我们对本研究中涉及的核心概念进行了界定,对研究方法也做了说明。最后我们简单地介绍了本研究的研究思路、分析框架以及章节安排等。

第三章　拾荒者的自我身份认知图式

在本章中,根据拾荒者的拾荒动机的不同,三十七位拾荒者被分为三种类型:被动选择型拾荒者、主动选择型拾荒者与过渡型拾荒者;重点分析在面对来自他人对拾荒者身份的社会歧视和偏见的时候,三种类型的拾荒者分别是如何选择、整合和理解关于自我身份的信息,如何感知和理解这种社会歧视和偏见的,换言之,他们对社会歧视和偏见以及自我身份的认知图式是怎样的一种构造。

第四章　拾荒者在行动——自我身份建构

在本章中,我们将主要分析三种类型的拾荒者建构身份的动机,分别动用何种以及如何动用资源来建构自我身份;在动用资源的过程中,他们采取了哪些行动策略,又是通过哪些身份建构机制实现自我身份建构的。

第五章　矛盾性身份何以可能

在本章中,我们以拾荒者为个案,将"身份主体——身份认同缺失——身份"中的身份在身份主体继续建构或维持该身份的条件下概念化为矛盾性身份,并分析矛盾性身份的特征、形成机制以及维持机制等,试图对身份理论有所推进。

第六章　结论与展望

在本章中,我们将总结本研究的相关结论,并指出本研究的不足之处,同时也提出进一步研究的可能性空间。

本　章　小　结

在本章中,我们首先介绍了调查点的选取以及资料收集情况,并对个案进行了简单的描述,勾勒出个案的基本情况。接着,我们对本研究中涉及的拾荒者、身份、矛盾性身份等核心概念进行了界定,对研究方法也做出了说明。最后我们介绍了本研究的研究思路、分析框架以及章节安排等。

第三章　拾荒者的自我身份认知图式

在本研究中,根据拾荒者的拾荒动机的不同,我们将三十七位拾荒者分为三种类型:被动选择型拾荒者、主动选择型拾荒者与过渡型拾荒者。在三种类型中,相对而言,被动选择型拾荒者的典型特征是贫困,没有技能,没有文化,不得不选择拾荒作为自己的收入来源,甚至是其唯一收入来源,这种类型的拾荒者有二十人,占总数的百分之五十四点一;主动选择型拾荒者的典型特征是认为拾荒行业非常适合自己,而且利润丰厚,他们本可以选择其他行业而不去拾荒,但他们没有这么去做,或者因为某种原因拾荒者本不必依靠拾荒维持生活但却选择了拾荒,这种类型的拾荒者有十六人,占总数的百分之四十三点二;过渡型拾荒者的典型特征是认为拾荒只是权宜之计,拾荒只是暂时性的,拾荒只是一种手段,是为后面的职业选择服务,这种类型的拾荒者只有一人,[①]占总数的百分之二点七。很明显,三种类型的拾荒者进入拾荒行业的背景和动机是不同的。尽管背景和拾荒动机不同,但他们目前都在从事着拾荒行业,都面临着来自他人对其身份的社会歧视和偏见,也都具有一种拾荒者身份。

在 20 世纪 30 年代,巴特利特在研究人们对人物、图像和故事记忆的基础上,第一次完整地提出认知图式理论。80 年代以来,菲斯克和泰勒等人积极倡导社会认知理论。在他们看来,图式可以定义为:"一种认知结构,它代表着关于一个特定概念的有组织的知识。一个图式既包含概念的各种属性,也包含这些属性之间的关系。""图式概念反映了所谓的'自上而下的'、'以概念为基础的'或'理论驱动的'认知加工。"图式主要集中于认知:一般性知识如何在记忆中表示,新信息怎样被已

---

① 虽然在笔者的调查中,这种类型的拾荒者只有一人,但我们完全有理由将其作为一个类型来看待,因为该拾荒者呈现出与其他两种类型拾荒者不同的独特特征。在本研究中,这种类型的拾荒者人数较少,主要与本研究调查对象的选取方法的局限性有关。

有知识同化。"①认知活动的进行是通过人脑对信息客体的选择、整合和理解而实现的,人脑对信息客体的选择、整合和理解的模式就是认知图式(cognitive scheme)。②根据认知图式的定义,我们就可以理解身份认知图式的意涵,即身份主体对关于身份的信息之选择、整合和理解的模式。那么在面对来自他人对拾荒者身份的社会歧视和偏见的时候,三种类型的拾荒者分别是如何选择、整合和理解关于自我身份的信息,如何感知和理解这种社会歧视和偏见的,一句话,他们对来自他人对其身份的社会歧视和偏见以及自我身份的认知图式是怎样的一种构造,这就是本章所要探讨的主要问题。

第一节 被动选择型拾荒者

被动选择型拾荒者的典型特征是行动者不得不选择拾荒,不管这种选择是出于客观条件如贫困、疾病、不幸、生活机会的缺乏、关系网络的匮乏等制约,还是主观条件如缺乏技能、没有文化或文化水平低、缺乏自信等局限,但他们最终至少在目前选择了拾荒作为自己的主要收入来源之一,甚至是唯一的收入来源。这些人在"不得不如此"的情况下选择了拾荒,他们是如何感知和理解自己的拾荒者身份的呢? 我们将以几个典型的被动选择型拾荒者为个案,剖析他们的自我身份认知图式。

一、从老板到拾荒者

(一)个案 YPL

YPL,男,五十七岁,安徽省阜阳人,没有文化。在"文化大革命"以后,他在阜阳火车站向阳路开了一家饭店。由于到饭店吃饭的单位经常赊账,并且那些单位后来倒闭了,导致饭店不得不关闭,用 YPL 自己的话说就是"那些单位的人把我吃干了,赔了两万多块钱"。饭店倒闭以后,YPL 开始承包工程,主要是修铁路。以前他在开饭店的时候,经常有铁四局③的

---

① [美]S. T. 菲斯克、S. E. 泰勒:《社会认知——人怎样认识自己和他人》,张庆林、陈兴强译,贵阳:贵州人民出版社,1994 年,第 148—149 页。
② 齐界:《认识的主体性结构——认知图式及其对认知过程的制约性》,《社会科学研究》1992 年第 4 期,第 43 页。
③ 铁路建设单位名称。

（图片一：YPL 在自己搭建的住处）

人来饭店吃饭,由于熟悉变成了朋友。现在这几个朋友看到他落魄了,便叫他到农村找些劳动力,由他带队,到这几个朋友手下做工。干了一段时间之后,YPL 便绕开这几个朋友,直接从铁四局主管部门那里承包工程。这次承包由他自己、堂弟以及堂弟的妹夫三人合伙。因为 YPL 不识字,因此账目均由其堂弟及堂弟的妹夫管理。到工程结束清账时,YPL 的堂弟说工程折本了。但后来堂弟的妹夫告诉 YPL,工程赚钱了,被 YPL 的堂弟私吞了。后来,其堂弟把剩余的工程款拿出,均分了,但导致 YPL 现在跟他没有来往,连亲戚关系都没有了。

因为这次的不愉快事件,YPL 决定自己独自承包工程。这次他承包的是河南省某地区的十九公里长的一级公路桥涵工程,仍然属于铁四局的工程项目,但这一次 YPL 又被人骗了。这个河南段的项目经理高某和 YPL 关系不错,他把 YPL 账户上的款项提走了。当时 YPL 被告知这个工程项目亏本了,没有赚到钱。实际上这个工程赚钱了,本属于 YPL 的工程款项却被该项目经理高某冒领了。这个事件直到西部大开发,铁四局的纪委调查时才被发现。后来 YPL 到法院将其立案,但法院告之若能找到项目经理高某才能将七十四万多块的工程款追回。对于 YPL 来说,想找到高某,如同大海捞针,比上青天还难。他猜测,由于高某归铁道部管辖,因此很可能铁道部把他调到国外了。

一九九九年，YPL 来到上海开始捡垃圾，"没办法，没办法你得活啊，得糊口啊，我们也没有地了，就来上海捡垃圾。一开始说捡垃圾还不知道什么叫垃圾"。就这样，YPL 开始了他的拾荒生涯。实际上 YPL 刚来上海之后，并没有立即做起拾荒这行，而是也先试图找过工作，但没有找到，而且还被中介骗去二百元钱。最后，在朋友的介绍下，他干起了拾荒行业。刚开始拾荒的时候，YPL 以捡拾为主，后来得知垃圾也可以承包后，他便又开始承包陈某垃圾场了。但不幸的事情再次发生，陈某携款逃跑了，还拖欠 YPL 一万七千块钱。承包的垃圾场没有了，YPL 再次四处捡拾垃圾。在承包陈某垃圾场期间，YPL 认识了宝山区 Q 镇环卫所的人，该工作人员告诉 YPL 可以承包该环卫所管辖的某垃圾中转站，于是他就承包下来了。据 YPL 自己介绍，他与环卫所有个协议，并交给环卫所五百元押金。协议的大致内容是他每天负责给到此垃圾中转站倒垃圾的环卫所车辆开门，并拒绝其他外来车辆进入；若有外来车辆强行闯入，不要与其争吵，只需记住车牌号即可，然后将车牌号通报给市容部门，让市容部门追究相关车辆责任。就这样，现在 YPL 在中转站的院子里搭建了自己的房屋，每天给环卫所车辆开门倾倒垃圾，然后在垃圾堆里捡拾有用的垃圾。到笔者采访时，这样的拾荒生活才几个月。

（二）"你看我可像是拾垃圾的"

从上面的个案 YPL 的简介中，我们可以看出他的一生是经过大起大落的。他最先是个普通的农民，由于自己"敢闯"，在那个动乱的年代就在阜阳火车站附近开了家饭店，做起了老板，可见他不是一般的农民。饭店倒闭以后，他就利用朋友关系开始承包工程，却第一次遭遇到亲情的背叛，导致了亲情关系的破裂。在自己独自承包工程以后，又遭遇到第二次事业上的失败，被朋友高某骗取了工程款，导致自己无法生存，不得不来上海捡垃圾为生。从老板——正如他自己所说，在西部大开发的时期，他因为工作出色，名字曾出现在铁道部光荣榜上的人，而且还曾将一辆金杯车送给内蒙古自治区呼和浩特市某市民的人——到现在成为一个拾荒者，这种前后身份的巨大反差，他是如何感知和理解的呢？拾荒者，对他而言，意味着什么？

问：您当时在干工程那么风光后来到上海捡破烂，你有没有觉得面子上挂不住啊？

答:那就是很苦恼啊,回家都没脸见人呢。那时候都知道我开着小车子,大西北开发我都直接开小车过去的,我一个金杯车都送给内蒙古呼和浩特的一个人了,做个人情了。

从 YPL 的表述中,我们发现他对自己这种身份的巨大反差在心理上是难以接受的,特别是他曾经的风光外表已经在当地社会形成广泛影响,或者用另外一个词来表述就是他是个很有"面子"的人。翟学伟对中国人的面子观做了很多研究。在《人情、面子与权力的再生产》一书中,他指出:"脸是个体为了迎合某一社会圈认同的形象,经过印象整饰后所表现出的认同性的心理与行为;而面子是这一业已形成的心理及其行为在他人心目中产生的序列地位,也就是心理地位。"[①]中国是个讲究人情面子的社会,因此争脸面、讲面子就成为人际沟通和社会交往的重中之重。在这种情况下,一落千丈的 YPL 尽失颜面,难以接受现实。但他是如何在生存和面子之间做出选择从而走上拾荒的道路呢?

问:您当时也是为了生存,还有一个就是面子问题,这两个当中哪个原因更主要一点?
答:还是糊口,家庭重要,面子那是次要的,人死不了就要生活啊,什么都没有,你怎么生活呢?

可见,在生存和面子之间,生存是更主要的。为了生存,YPL 选择了拾荒。通过拾荒来维持生存,这就是 YPL 的生存逻辑。不过在被动选择拾荒之前,YPL 有没有尝试过其他的选择呢?

问:上海这么多工作,那来上海之后为什么选择这个职业呢?
答:上海工作是多,但是像我们上了岁数的谁要呢?我本来腿就不得劲(舒服),股骨头坏死,一瘸一瘸的,谁要我这个瘸子呢?本来我也想找个看大门的啊,做饭的啊,我开过饭店会做饭,但是上哪去找这个工作呢?
问:你有没有去找过呢?
答:去找过,还叫中介的骗走二百块钱。

---

① 翟学伟:《人情、面子与权力的再生产》,北京:北京大学出版社,2005 年,第 133 页。

这个对话表明,拾荒并不是 YPL 来上海之后谋生的首选,而是在此之前他也尝试找过其他工作,但因自己年龄较大,加上腿脚不灵便,没有单位肯要他。最后迫不得已才选择拾荒的。他认为拾荒的好处就是"只要你是能动的人(就可以),又不限制"。也正是拾荒行业的这个特点,加上自己的实际情况,YPL 选择了拾荒。即使为了生存,YPL 不得不选择拾荒,但他在内心深处仍旧没有接受自己的拾荒者身份。正如下面的对话所表明的:

问:您这一生也干了很多职业,是什么原因让您不断地转行呢?

答:什么原因呢? 总的原因就是钱被人家给骗了,逼得走投无路,不转行没办法,我要糊嘴(糊口),我到现在心里也不想干这个活(指捡垃圾),不想干也没有办法!

从拾荒者的劳动方式来看,在本研究中,我们可以看到三种类型的拾荒者:一种为直接捡拾型的,就是指直接扒垃圾桶(箱、堆)的或者在路边捡拾的拾荒者;另一种是游走收购型的拾荒者,就是(主要)指骑着三轮车上门收购废品和垃圾的拾荒者;第三种就是指定点收购的拾荒者,类似于废品收购站,但他没有办理正规的营业执照的。那么对照三种类型的拾荒者,YPL 似乎更接近第一种的拾荒者,只不过他不需要到处游走捡拾,而是有固定的捡拾场所。在 YPL 看来,这三种类型的拾荒者有着怎样的区别呢?

问:……你是不是觉得你以前在外面捡生活垃圾比在这里脏?

答:有这个看法,那肯定脏! 但是不跟生活垃圾打交道捡不到东西啊! 为什么呢? 你看饮料瓶子啊、一次性杯子啊都能卖到钱。

问:那让你在这两者选,你愿意做哪个呢?

答:我还是愿意在这里(中转站)捡,我做这个多快活,又轻松,他来倒我就捡,不来我就休息,这边肯定要干净。

问:您怎么看待摇铃收垃圾的那种?

答:他和我相比,他要掏本钱啊,我不要掏本钱啊,我出点力气就好了。

从这个对话中,我们发现在 YPL 看来,他这种捡拾垃圾的方式要比在外面捡拾垃圾要干净,而且不像摇铃的那种捡拾垃圾的方式需要本钱。因此他觉得他这种方式很轻松,也很干净。虽然在他看来三种不同的拾荒者劳动方式存在着差异,但是当问到他是如何看待三种之间的社会地位高低时,他的回答呈现出另一种景象。

问:……您是怎么看待直接捡拾垃圾的拾荒者和摇铃的拾荒者? 他们有没有地位的高低?

答:这个没有,我本来就是捡垃圾的。不要说现在,就是以前我当老板也没有看不起捡垃圾的。不要看不起捡垃圾的,捡垃圾也能赚钱。

问:也就是您没有偏见?

答:没有,没有这个想法,都是平等的!

在 YPL 看来,虽然三种拾荒者的劳动方式不一样,但是在社会地位上他们都是平等的,他自己从来没有看不起捡垃圾的,即使在他以前做老板的时候也是如此。尽管自己有着这样的认知,但是他还是明显地感觉到社会对拾荒者有着强烈的歧视和偏见。

问:那您有没有觉得自己做这个被人瞧不起?

答:这个明显地知道有人瞧不起,瞧不起我无所谓,反正我是个捡破烂的。

问:您是怎么知道人家瞧不起你的? 是人家说了什么还是人家做了什么?

答:有啊,租房时候你说你是捡垃圾的,人家说去去去,不租给你。

问:还有没有其他地方您觉得人家看不起您?

答:有啊,那时候不是有联防队吗,到处抓你,你走着走着,他就把你抓走了,他最看不起捡垃圾的了。现在联防队属于保安了,不抓了……你去超市人家都怀疑你可有钱买东西,嘴上不说,眼神里都能看出来。还有一个呢,你拿的是不是假钱? 他怀疑你,其实我和你说,捡垃圾的没有一个拿假钱!

YPL 感觉到的社会歧视和偏见不仅来自自己租房的经历,而且也来自政府代理人的抓人行为,还有自己在超市的那种被怀疑的感觉,等等。尽管他自己没有看不起拾荒的,但是在自己成为拾荒者之后,他体验到的这些来自他人和社会对拾荒者的歧视和偏见,让 YPL 感觉到拾荒确实是个名声不好听的行业。尽管他认为不同劳动方式的拾荒者都是平等的,而且他目前的拾荒方式比起其他拾荒者来说更轻松、更舒服,加之自己从老板到成为一名拾荒者的人生经历,让他对自己的拾荒者身份有着这样的感知和理解:社会和他人对拾荒者持有歧视和偏见,虽然自己没有看不起拾荒者,但自己却不愿意成为一名拾荒者。这样我们就会发现,在 YPL 的自我身份认知图式里有着两个认知维度:一个认知维度是拾荒与拾荒者遭受着来自他人的社会歧视和偏见,另一个认知维度是从客体的角度来说他没有歧视拾荒者,但从主体的角度来说他不愿做一名拾荒者。因此他对自己的拾荒者这种身份保持相当的距离而不予认同,正如他自己所说的那句话"你看我可像是拾垃圾的"充分体现了他对自我拾荒者身份的认知图式,即否定自己拾荒者的身份但又尊重他人的拾荒者身份。在个案 YPL 的身份认知图式里,身份主体与身份之间的非统一性状态已经存在。

二、我本有个家

（一）个案 ZCC

（图片二:ZCC 在租住处）

ZCC，男，五十七岁，上海人，初中文化，现单身。他父亲原先在新疆当兵，认识了他的母亲，并将母亲带回上海生下了 ZCC。他的母亲属于再婚，当时跟他父亲结合时，母亲的前夫在狱中服刑，并有三个女儿。等前夫刑满释放后，前夫又叫母亲回新疆了，而 ZCC 和父亲则留在了上海，住在普陀区延长西路。

ZCC 初中毕业以后，就到上海市军工路码头上班，成为一名装卸工。后来经人撮合，与前妻结婚并育有一子，妻子在一家茶水店上班。但是这个家庭并不是一个和睦的家庭，夫妻二人经常发生争吵。直到十多年前的一天，前妻先跟人离家出走了，然后正式向他提出离婚，此时儿子已经读高中了，对家庭矛盾也是非常了解了。后经法院判决，儿子跟随母亲，并且房子判归儿子所有。就这样，ZCC 从一个有家室的人变成了一个单身汉。

离婚后，ZCC 变得一无所有，不仅失去了家庭和亲人，也失去了上海市户口，因而也失去了一切与户口有关的权利和义务。ZCC 对生活失去了信心，经常上班迟到、旷工。后来工作单位用一万块钱买断了他的工作，将其辞退。这样 ZCC 失去了一切生活来源，不得不想法谋生。起初，他想做点小生意，可是又因没有本钱，加之自己没有做生意的经验而打消了这个念头。干起捡垃圾这行，与他的租房经历有关。由于没有住处，他不得不租房，但又因租房价格太贵，于是与一位山东籍拾荒者合租了房屋。这位山东人就建议他捡垃圾，弄个生活费，养活自己还是没有问题的。尽管 ZCC 没有想到自己要靠捡垃圾为生，但这给当时走投无路的他确实指了一条明路。就这样，ZCC 走上了拾荒的道路。

至于 ZCC 的前妻和儿子，已经去了日本安家落户了，至今他已有十九年没有见到他们了。在他们未去日本之前，ZCC 曾因生活所逼两次去儿子的继父家找过儿子讨要点生活费，但儿子并没有给他。就连自己生病的时候，他再次去找儿子讨要看病的钱，儿子也一分钱不给。而且儿子还告诉 ZCC 不要再去找他了，继父不喜欢他来家里找自己。最让 ZCC 痛心的是，这次儿子竟然对他说自己不是他的父亲，现在的父亲才是他的父亲。ZCC 说，离婚这么多年了，他总共就从儿子那里拿了五百块钱，多一分都没有给过。

如今，ZCC 仍然没有报上上海市户口，目前户口挂在他表哥（具有上海户口）的户头上，因此也就相应地不能享受上海市规定的福利保障权益。他现在在上海也没有亲人,唯一的亲人就是他的表哥,一位小学教师。他也不与远在新疆的三个姐姐联系,已经十多年没有联系了。现在ZCC拾荒已有十多年了,和外来拾荒人口住在一起,租一间五六平方米的房子,屋内东西很凌乱。每天和其他拾荒者一样,骑着三轮车,靠捡拾破烂过活。现在他唯一的希望,就是想把户口报上,能吃上低保,然后就不拾荒了,混混口(糊口)就行了。

(二)"我讲上海人丢人嘛"

ZCC原本有个家庭,虽然少不了家庭的争吵,至少是个完整的家庭。他自己有着一份工作,妻子也有自己的工作,还有一个儿子。因为争吵,这样的家庭虽然谈不上是个其乐融融的家庭,但至少能让他有个家的感觉。然而,由于夫妻关系的不和,导致了夫妻离婚,家庭破裂,这对ZCC的打击是沉重的,特别是妻子先与别人出走,然后再提出离婚,这让他更是心灰意冷、痛彻心扉。

问:您的婚姻状况呢?

答:婚姻嘛,有个小孩跟他妈过了,我老婆跑掉了,有十多年了,就跟人家走了,跟我离婚了。

问:那是先跟人家走的还是先跟您离婚的?

答:他先跟人家走,再跟我离婚的。

问:那您现在是独身了?

答:我现在什么都没有,他妈的被她弄的,房子嘛判给儿子了,房子给儿子卖掉了,我没有房子所以现在借(租)这个房子。

……

问:那您从完整的家庭、有着一份正式的工作,到现在以捡垃圾为生,这些变化您认为是什么原因?

答:那就是我的家庭没有了嘛,老婆跑掉了,也没有什么动力了,搞得不行了嘛。

离婚的后果是ZCC一无所有,走投无路,不得不干起了拾荒的行当,而且是在别人的建议下才进入这一行的。

问:您以前做过装卸工,有一定的技能,您有没有想过不做这一行?

答:那个……别的事我们也做不好,找活找不到,我们也做不好。我以前住在万里路,和人家合租房子,那个人是捡破烂的,收破烂的。他就说让我捡破烂吧,那时候我刚去还没有钱,捡捡破烂收收破烂也花不了钱,也不要本钱就是这样子的。

问:就是当时和你合租的那个和您说的,让您做这一行的?

答:哎(表示肯定)! 他说我捡捡破烂生活费是可以的,是这样子讲的。

拾荒,对于一个生于城市、长于城市的人来说,意味着什么呢? 他是如何拾荒的呢?

问:您是从垃圾堆里捡呢,还是去收啊?

答:碰到了就收,有的时候在马路上见到了什么就捡嘛,在马路上捡。

问:那您以捡为主,还是以收为主?

答:有捡有收嘛,看到了就捡一点,碰到了就收嘛。

问:您会不会从垃圾桶里捡啊?

答:垃圾桶里我不去,就马路上。

问:为什么垃圾桶里不去捡呢? 垃圾桶里也有垃圾啊?

答:我们这些收垃圾的,妈的,太脏了,没有东西扒啊!

……

问:那您觉得在垃圾桶里捡,同咱们在路上捡、收的垃圾有什么区别?

答:马路上捡嘛,也就那样,马路上捡的东西,清爽一点。不像人家撂的垃圾,什么垃圾都有,还要扒啊什么的,马路上撂的,就捡一捡嘛。

……

问:那您有没有觉得他们捡垃圾的那种比咱们收垃圾的……就是咱们抹不开面子去捡,有没有这个感觉?

答:面子倒不要紧,就是捡那个嘛,在里面扒啊,太脏了! 就这样一个道理!

对于 ZCC 来说,他拾荒的方式有两种:捡垃圾和收垃圾。不过他不是从垃圾堆里或者垃圾桶里去捡,而是捡人家扔在路边的,因为他认为垃圾桶里的垃圾太脏,扔在路边的垃圾要"清爽一点"。他之所以不去垃圾桶里捡垃圾,倒并不是因为这种捡垃圾的方式比在路边捡垃圾或者收垃圾要低下,而是因为他受不了垃圾桶的脏。不论 ZCC 以何种方式与垃圾打交道,他必须要面对的就是自己如何感知和理解自己的拾荒者身份,那么他又是如何感知和理解自己的拾荒者身份的呢?

问:您在收垃圾的时候,您是上海人,您在说话的时候,他们会知道您是上海人,那么他们……就是您在和他们做买卖的时候,你会说本地话嘛,对吧? 上海话嘛,他们卖的这些人没有问过您,哎,你是上海人……

答:我又不跟他们讲! 我跟他们讲这个干什么呢? 我不跟他讲我是上海人,他们不知道我是哪里的。

问:如果他们问您的话,您会不会说?

答:问我嘛,我说我是江苏人啊! 我老家是江苏的。

问:那您为什么要说自己是江苏人呢? 有没有人问过您?

答:也问过我,我讲上海人丢人嘛! 做人嘛,一样的道理,呵呵……

……

问:你有没有把上海人的优越感体现出来? 你会不会想外地人捡垃圾还是能接受的,我自己是个上海人怎么走到捡垃圾这一步呢? 就是自己看不起自己?

答:这个有过! 我自己也想过,妈的,自己弄到捡垃圾这个地步,也想过,弄得……

从这个对话中,我们可以看出 ZCC 是不愿意暴露自己的上海人身份的,尽管他现在没有上海的户籍。他之所以这么做就是避免把上海人和拾荒者联系起来,因为这种联系只会更加让人瞧不起自己。此外,他的这种做法也反映出上海人优越感的观念在他身上的运作。这样我们就可以发现在 ZCC 对自己身份的认知图式里有着这样的一个认知维度,即上海人不应该成为一个拾荒者。如果你是一个上海人,并且成为一个拾荒者,在 ZCC 看来,毫无疑问是会让人瞧不起的。那么去除上海人的因素,在 ZCC 的自我身份认知图式里,拾荒者意味着什么呢?

问:您自己是怎么看待这一行的? 您觉得自己做这行是否委屈呢?

答:这一行? 呀! 肯定不是丢人的事情? 这有什么办法,生活啊,没办法!

由此看来,对于 ZCC 来说,拾荒就是丢人的事情。这样我们就会发现,ZCC 的自我身份认知图式由两个认知维度构成:一个认知维度是拾荒是丢人的事情,因而拾荒者也是丢人的身份;另外一个认知维度就是上海人成为拾荒者更是丢人的事情。由此我们可以看出,ZCC 否定自己拾荒者身份的,他不仅否定自己的拾荒者身份,同时也否定他人的拾荒者身份。在本研究中,个案 ZCC 是一个非常特殊的个案,其特殊性就在于他本是个城市人,却因为家庭的不幸成为一个拾荒者。这样他对自己的拾荒者身份要面对两种感知和理解,一种感知和理解就是一个拾荒者意味着什么,另一种感知和理解就是作为上海人的城里人成为一个拾荒者又意味着什么,而来自农村的城市拾荒者,往往只有第一种对身份的感知和理解。因此,个案 ZCC 为我们研究被动选择型拾荒者对自我身份的认知图式提供了新的视角。

三、最年轻的拾荒者
（一）个案 WGF

（图片三:WGF 在沪市某高校内）

在笔者的访谈对象中,WGF 是最年轻的,今年二十八岁,安徽省利辛县人,农民,初中未毕业,但他现在已是三个孩子①的父亲了。一九九一年,在 WGF 还是个孩子的时候,皖北地区遭受水灾,他的家庭也遭此一劫,家里房屋倒塌了,给本来就不富裕的家庭带来沉重的打击。在 WGF 十五岁快要上初二的时候,十七岁的哥哥在上海因盗窃犯事了,家里花了三万块钱把哥哥赎出来。这对一个贫困的家庭来说,无疑是雪上加霜。接连而至的不幸使得 WGF 的家庭负债累累,连他的学费都交不上了,WGF 只好辍学。

辍学以后,WGF 来到上海。因为自己一没有手艺,二没有文化,年龄又小,他不得不选择捡垃圾。"我们村里好多人都出来捡垃圾,家里实在没法生活了,不出来在家等死啊,没办法了。"就这样,WGF 开始了人生的第一次拾荒生活。一年后,他的哥哥出狱了,WGF 才回到老家。不久 WGF 的大伯去世,因为大伯家里劳动力少,土地又多,他只好留在家里帮堂兄种田。加之水势不稳,或旱或涝,庄稼的收成也不好,直到后来家里有余粮了,WGF 才再次来到上海,这已经是九七、九八年的事情了。

回到上海以后,WGF 并没有立即重操旧业,而是先帮人家干干杂活。几个月之后,又和哥哥一起收塑料纸,主要是从捡垃圾的人手里收购,然后直接拉到厂里去卖。他认为收废纸比拾垃圾舒服一点,收回来投一投,拣一拣,搞干净点,拉到厂里就行了。这种拾荒方式持续了两三年之后,WGF 又开始到工程队里干活,后来又到搬场公司干过。干了一年多之后,因为活太累,WGF 又不得不重新干起了拾荒。从这次拾荒开始,他已经干了有六七年了,中途没有再停过。

(二)"自劳自食也没有什么"

WGF 的拾荒经历是在他人生的早期阶段就开始的。当初因为家庭的贫困、水灾的频繁以及哥哥的犯事导致他初中未毕业就辍学来到上海拾荒。和许多童年的孩子一样,童年的他也有很多梦想,也很想好好读书,将来考大学,但这些对于他来说只能是遥远的梦想,他只能将考大学的希望寄托在自己的孩子身上了。②在 WGF 刚到上海的时候,由于年龄

---

①　WGF 的妻子属于再婚,与前夫的女儿归她抚养。目前女儿在前夫的妹妹家生活,作为母亲每年给女儿一定的抚养费,而这笔抚养费也就是由 WGF 承担的。

②　笔者的访谈是在暑假里进行的。由于天气炎热,笔者将 WGF 带至沪市某大学体育学院办公室进行采访。采访结束后,笔者又带他到学校食堂里吃午饭。饭间看到食堂里许多来来往往的大学生们,他跟笔者聊起了童年的梦想。

小,没有手艺,没有文化,他不得不选择拾荒。等到他成年了,结婚生子了,却又因为孩子多而且小,老婆不得不在家带孩子,自己又不得不以拾荒来给家庭提供唯一的收入来源。应该说,在 WGF 辍学以后的人生经历中,他的大部分时间是在与垃圾、废品打交道,从一名直接捡拾垃圾的拾荒者变成一种游走收购型的拾荒者。作为一名年轻的拾荒者,他是如何感知和理解自己的拾荒者身份呢?

问:你现在是直接从垃圾堆里捡还是收购?

答:大部分是收购。

问:那你认为从垃圾堆捡和收购垃圾有什么区别?

答:呵呵,捡废品不像以前那么好捡的,以前九几年的话,捡废品还可以的,一个月也能捡个几百块钱,会捡的也能干个千把块钱。现在吧,钱值钱了,东西吧有个瓶子啥的,人家都扣下来,很难捡到了。年轻人吧,本来就没有耐性,去捡吧看看没有,也就不愿意捡了,在外面骑个三轮车子溜达溜达也就这样子了,你去捡破烂还要满趟(到处)去钻。另外呢,你去钻小区,保安又不让你进院子,把你成为怀疑的对象,小区里丢东西啊,电瓶车啊,自行车啊,把你当成对象。年轻人吧,有嘴说不清楚的,所以年轻人都忌讳这个东西。本来你是个合法的良民,他这么一说,严重地刺激你的自尊心了,你搞它干嘛呢?

这段对话表明,WGF 之所以没有以直接捡拾的方式拾荒是因为一方面现在很少有人把垃圾直接扔掉而是留着自己卖,这样可供直接捡拾的垃圾少了,而年轻人没有做事的耐性,看到没有垃圾可捡,就放弃这种拾荒方式了,因此他自己也放弃了直接捡拾垃圾的拾荒方式。另一方面也是因为年轻人去捡拾垃圾会面临着很多社会歧视和偏见,经常会成为小区保安的怀疑对象,因而严重伤害自己的自尊心。此外,这种社会歧视和偏见不仅仅来自小区保安的怀疑行为。

问:那你为什么不去做这一行(指以直接捡拾垃圾的方式拾荒)? 是不是为了年轻人的面子?

答:应该是有一点,你听我给你讲,年轻人去捡垃圾有几大因素不好,有一点,你去捡垃圾,年轻人你捡垃圾,有的上海人就说,又你娘的,这么年轻的人去捡废品,有手有脚的不出去干活,找工作,就这样讲你。

问:有没有人对你这样讲过?

答:哎呀,多了去了!

问:都是什么人这样讲你?

答:基本上都是上海人,外地人也有。

看来,对于年轻人捡拾垃圾的社会歧视和偏见,不仅来自小区保安,还有来自其他社会成员。为了避免自尊心受到伤害以及年轻人捡拾破烂受到的社会歧视和偏见,在 WGF 看来,年轻人以游走收购的方式拾荒可以避免上述的麻烦。然而即便如此,他真的就避免了他人的社会歧视和偏见了吗? WGF 从反面给了我们答案,至少在他对自己游走收购型拾荒者身份的认知图式里如此,那就是他给出了年轻人直接捡拾垃圾让人感觉不好的更多理由。

问:这是一个原因,还有呢?

答:还有年轻人捡垃圾形象也不好,年轻人捡垃圾第一你要把形象搞好,你形象很坏,油头垢面地戴个帽子,你年轻人搞脏了吧,也不快活说实话,形象也不好。捡垃圾要不停地转,不像收废品我累了可以歇一会,对吧? 你要不停地转,这个地方转那个地方转,来回地转,不然的话你怎么知道哪个地方有东西呢? 而且越脏的地方越要钻。你看那垃圾桶夏天的味道很重的,重也要钻! 就这样的。

WGF 正是通过指出年轻人直接捡拾垃圾的拾荒方式引起的诸多社会歧视和偏见的不利因素,从而试图论证自己游走收购型拾荒方式及其拾荒者身份的道德性和正当性。在他看来,除了年轻人的游走收购型拾荒方式及其拾荒者身份具有道德性和正当性以外,那些老年人采用直接捡拾垃圾的拾荒方式及其拾荒者身份也具有道德性和正当性。

问:那你觉得直接从垃圾堆捡垃圾的人给你的印象如何?

答:唉,那也是没办法,每个人有每个人的生存条件嘛,他也是为了生活嘛。你比如说老年人去收货他收不好,你让他去干活他干不动,他没办法。你像我们在那边有个上海老太婆今年都七十岁了,每天捡的破烂能卖七八块钱,每天就挎两个包去捡。

在 WGF 看来,老年人以直接捡拾垃圾的方式拾荒及其拾荒者身份具有道德性和正当性,年轻人以游走收购型的方式拾荒及其拾荒者身份也具有道德性和正当性,那么就整个拾荒的行业来说,拾荒者的行为及其身份的道德性和正当性是否存在呢?

> **问**:你对这个行业本身有没有什么看法,或是偏见呢?
> **答**:没有,自劳自食也没有什么……
> ……
> **问**:他们(指亲戚、朋友、家乡人等)对你做这一行有什么看法呢?
> **答**:看法就是说……怎么说呢,也是一种生存方式……

"(拾荒是)自劳自食也没有什么"与"(拾荒)也是一种生存方式"充分体现了在 WGF 的自我身份认知图式里,拾荒者是"自劳自食"的人,拾荒是"一种生存方式",理所当然,没有理由遭受到社会歧视和偏见的。因此,WGF 是认同和接受自己的拾荒者身份的,并且赋予这种身份以积极的社会意义。这样,我们在 WGF 的自我身份认知图式里就可以看出如下几个认知维度:一个认知维度是游走收购型年轻拾荒者身份是道德的和正当的;另一个认知维度是直接捡拾型老年拾荒者身份也是道德的和正当的;第三个认知维度是拾荒是"自劳自食",拾荒是"一种生存方式"。在 WGF 的自我身份认知图式里,拾荒与"自劳自食",拾荒与"一种生存方式"紧密相连,他充分肯定了自己的拾荒者身份以及拾荒群体的身份。在这里我们发现,个案 WGF 通过论证自己拾荒及其拾荒者身份的道德性和正当性从而扩展到论证整个拾荒者群体身份的道德性和正当性,这是一种集体身份的道德性和正当性之建构。[①]
通过上面三个典型的被动选择型拾荒者自我身份认知图式的分析,

---

① 本研究中的集体身份概念有别于亚历山大·温特意义上的集体身份概念,前者是在由个体组成的群体意义上讨论集体身份的,而后者是在诸如国家等组织层次上讨论集体身份的。温特认为集体身份的形成依赖于共有知识向共同知识或集体知识的转化,它是在共有知识基础上形成的,反映了社会成员的共有特征。详见[美]亚历山大·温特:《国际政治的社会理论》,秦亚青译,上海:上海人民出版社,2002 年,第 180—181、201—204 页。

我们发现在被动选择型拾荒者群体中,有三种身份认知图式:第一种以个案 YPL 为代表,个体认为拾荒与拾荒者身份遭受社会歧视和偏见,认同拾荒行为与拾荒者身份的道德性和正当性,但不愿意认同和接受自己的拾荒者身份;第二种就是个体认为拾荒与拾荒者身份遭受社会歧视和偏见的,且否定拾荒行为与拾荒者身份的道德性和正当性,更不认同和接受自己的拾荒者身份,例如个案 ZZC 的自我身份认知图式;第三种就是个体认为拾荒与拾荒者身份遭受社会歧视和偏见的,但肯定拾荒行为与拾荒者身份的道德性与正当性,认同和接受自己的拾荒者身份,例如个案 WGF 的自我身份认知图式。

在这三种身份认识图式中,我们发现彼此之间存在着异同特征。相同点主要表现为三种身份认知图式均将拾荒与拾荒者身份与他人的社会歧视和偏见联系起来,不同点表现为不同的身份主体对自我与他人的拾荒者身份的道德性和正当性认知不一。同样是被动选择型的拾荒者,为什么对拾荒及其拾荒者的身份认知图式有着这样的差异呢?虽然对这个问题的探讨已经超出本研究的范围,不过我们仍旧可以指出可能的解释路径,那就是个人的生命历程的不同,或许是导致身份认知图式差异的根源。因此,生命历程理论[①]也许能为我们提供有用的分析思路。

第二节　主动选择型拾荒者

在本研究三十七位拾荒者受访对象中,主动选择型拾荒者有十六人,占总数的百分之四十三点二。这种类型拾荒者的典型特征是拾荒者主动

---

①　生命历程理论于二十世纪六七十年代由美国学者埃尔德(Elder)创始,主要包括四个基本概念与原则:1.时与空位。个体的生活轨迹根植于其所经历的社会历史时期与地域空间。2.相互依存的生命。个体并非独立存在,其生活镶嵌于具体的社会关系中。3.生命的时机。生命事件对个体的影响取决于该事件在其生命历程中发生的时间,发生时间之重要性甚至超越事件本身。4.个体能动性。个体并非完全被结构所决定,而是即便受限于各种约束,仍借由有目标的行动,选择性地塑造自己的生命历程。该理论的核心观念是"社会机制与个体特质的交互影响所形塑的累积性作用力,将不同的个体带往不同的生命轨迹"。详见:G. H. Elder, "The Emergence and Development of Life Course Theory", in J. T. Mortimer & A. Michael J., eds, *Handbook of the Life Course*, New York: Spring, 2003. 相关经验研究详见埃尔德:《大萧条的孩子们》,田禾、马春华译,南京:译林出版社,2002 年;周雪光、侯立仁:《文革的孩子们——当代中国的国家与生命历程》,毕然、应星译,中国社会科学院社会学研究所编:《中国社会学》(第 2 卷),上海:上海人民出版社,2003 年。

选择拾荒行业,这种主动选择的动机或者出于拾荒者认为拾荒行业非常适合自己,而且利润丰厚,他们本可以选择其他行业而不去拾荒,或者他们本身可以不需要再依靠拾荒维持生活,但因为某种原因,他们主动选择拾荒。那么是什么原因让他们主动选择遭受社会歧视和偏见的拾荒行业呢?他们又是如何感知和理解自己的拾荒者身份的呢?在本节中,我们将继续沿着分析被动选择型拾荒者自我身份认知图式的分析思路,通过对典型案例的分析,探讨主动选择型拾荒者对自己拾荒者身份的认知图式。

一、住在垃圾堆里的人

(一) 个案 LQW

(图片四:LQW 站在垃圾堆中睡觉的地方)

LQW,男,五十四岁,江苏省徐州市铁富乡人,农民,没有文化,家里现有四口人,两个孩子,一儿一女。儿子二十一岁了,武校毕业,相当于初中文化程度,现已在上海某酒店上班。儿子之所以习武,据 LQW 所说,就是为了防止在农村受人欺负。女儿四岁,现由妻子在家照顾。家里的土地主要是旱田,以种植小麦和玉米为主。后来旱田全部种上了白果树(笔者注:一种经济作物),家里的农活几乎全部没有了,这就给他外出拾荒提供了机会。一九九九年,LQW 去枣庄拾荒,因为他发现捡垃圾比打工强。干了两、三年之后,他又去了南通拉瓷砖,因为这次他又发现拉瓷砖比捡垃圾更赚钱。在南通拉了六年的瓷砖后,就来到上海拾荒,因为这次他发现在上海捡垃圾不仅比拉瓷砖挣钱多,而且活还轻松。

在LQW来上海之前,他的妻子已在上海市宝山区大场镇环卫所上班(临时工)。当初妻子来上海投奔她的哥哥,她哥哥在大场镇开了一家修理厂,离大场镇环卫所很近,并和镇环卫所的一名工作人员吴某很熟悉。通过这个关系,哥哥帮妻子找到了一份扫马路的工作,月工资二百块钱。由于工资水平太低,不够生活开销,干了四年之后,妻子离开了环卫所,于是找到附近的一家箱门厂,负责打扫厂里的卫生。每次打扫卫生时,妻子就把垃圾分拣一下,然后送到废品收购站卖掉。后来妻子觉得这活很累,干不下来,就让LQW过来顶替她。LQW来上海后,就顶替了妻子,在厂里打扫卫生。一年后,厂子搬走了,而LQW没有跟厂子一起搬走,原因是"没有垃圾了"。搬迁过后,厂里加强了卫生管理,在厂院里放置了大型垃圾箱,负责打扫卫生的人员不再把垃圾倒到外面了,从而也就没有垃圾可捡了。这样,LQW仍旧留在旧厂址一带捡拾垃圾。

现在由于旧厂址一带在搞开发,厂家搬走以后,LQW为了节省开支而没有租用民房,就住在旧厂房里,捡回来的垃圾也就堆在那里。垃圾堆放时间久了,散发出难闻的异味,引发了厂房背后一户本地居民的不满。该居民曾多次打电话投诉,该镇环卫所也来人解决,但是没有实质性法律

(图片五:LQW 在垃圾堆里的睡觉处)

法规规定不准在此堆放垃圾,加之LQW妻子以前也在环卫所做过事,大家都熟悉,因此每次投诉后都不了了之。后来因为厂房拆迁,LQW搬离到现在的位置——离旧厂房不远的垃圾倾倒地,并在垃圾堆里搭起了低矮的棚子。由于棚子的材料都是废弃物品,颜色与垃圾颜色一致,因此很难发现垃圾堆里会有这样一个人住的棚子。

　　LQW现在每天凌晨三点起床就去马路上捡拾垃圾,捡到四点时,就去乾溪菜市场给人家卸货,一直干到七点钟。然后在菜市场捡拾垃圾,到八点钟回来弄点早饭吃。早饭吃完后再出去捡拾垃圾,一直到晚上才回来。午饭基本上没有吃过,就连晚饭,他也是饿了才吃,不饿就不吃了。这对于常人来说难以想象,而他一句"(习)惯了"就能解释得清清楚楚。LQW是笔者的第一个采访对象,第一天晚上因怕影响他休息,所以采访未完就结束。第二天晚上笔者再去采访他,正赶上他回来做晚饭,也就是"一锅熟"的那种,喝上几口酒,他边吃边喝,我们就聊起来了。

(图片六:LQW在吃晚饭)

　　看到他这样的生活状况,笔者曾问他"如果你有更好的工作会转行吗?"LQW笑着回答说,"不转,这个旱涝保收……(我)喜欢做这个"。

　　(二)"俺能挣着钱"

　　从个案LQW的简介中,我们可以看到他之所以选择拾荒并从一个兼职拾荒者(一边务农一边拾荒)到成为一个专业拾荒者,在这个过程中,始终贯穿着一种理性思维,而这种理性就是一种经济理性①。正是这种经济理性让他成为一个拾荒者,并影响到他对拾荒者身份的感知和理解。而这种经济理性在他对自己为什么没有文化的解释中就已经体现出来了。

> 问:您的文化程度是……
> 答:我没有文化程度。穷!老的(指父母)不行,没有钱。

在 LQW 看来,正是因为家庭的贫困,才致使自己没有上学,因而没有文化。虽然我们在此可以体会到一个普通农民经济理性的思维方式,但我们在其从兼职拾荒到专业拾荒的转变过程中更能看到一种理性的运作。

> 问:那你以前做过哪些活?哪些行业呢?
> 答:在农村时候啊?在农村,我也干这个(指拾荒),我在跑枣庄。
> 问:哦,以前在枣庄那边也在捡破烂!
> 答:嗯,我也干这个。在枣庄,我干了两三年,我到南通去了。
> ……
> 问:您当初不是去枣庄捡垃圾嘛?
> 答:枣庄是矿区。

---

① 关于农民是否是经济理性行动者的讨论由来已久。韦伯在《新教伦理与资本主义精神》中提到十九世纪一些德国农场主为了不误农时,采取提高计件工资的办法试图刺激农业工人增加作业量,但他们常常不能成功,因为农业工人并没有为了追求更多的利益而付出更多的劳动,他们只是追求得到够用的而付出最少,韦伯据此将农民的这种心态称之为"传统主义"。此后,一些所谓农民"非理性"经济行为的学说出现,例如有的称农民经济为"道德经济""爱与怕的经济"等等。但是相反的研究也得到支持。一九五三年,美国人类学家 S. 塔克斯在《便士资本主义:危地马拉印第安人经济》一书中证明危地马拉的蒙西皮奥和帕那帕切尔等部族的印第安农民是有"经济理性"的。60 年代,美国经济学家 T. 舒尔茨在理论和经验上都证明农民是有理性的。70 年代末,美国学者 S. 波普金的《理性的农民》直接指向斯科特有关亚洲农民"道义经济"的论点。详见[德]马克斯·韦伯:《新教伦理与资本主义精神》,于晓、陈维纲等译,西安:陕西师范大学出版社,2006 年;[美]詹姆斯·斯科特:《农民的道义经济学——东南亚的反叛与生存》,程立显、刘建等译,南京:译林出版社,2001 年;K. E. Boulding, *The Economy of Love and Fear*, Belmont, Calif., 1973; T. W. Schultz, *Transforming Traditional Agriculture*, Yale Univ., 1964. S. Popkin, *The Rational Peasant: The Political Economy of Rural Society in Vietnam*, Berkeley, 1979.

问：您当时不是在家里种田吗？

答：不影响种田！田种上了，你走你的！

问：就是说您去枣庄，是因为农闲了，想去挣两个钱？

答：嗯！对！种子一下地了，不要管了，你来到家，俺北方那个锄，锄锄草，对吧！喂上化肥，就不要问了，没有什么事又走了！等到庄稼又行了（成熟），来家收庄稼了。收好了，晒干了，没有活了。

问：出去可以做瓦工啊，做小工啊，您为什么会想到要捡垃圾呢？

答：捡垃圾呢，比打工强（"强"字拖音长）！这个呢，无止无休，不得赔本……这比打工能挣钱！

……

问：那我明白了，当初您就是觉得捡破烂比打工强，然后您为什么从枣庄去南通拉瓷砖呢？

……

答：他（指 LQW 的弟弟）跟俺邻居姓马的去的，然后介绍我过去的，然后把我那些堂兄弟都介绍过去了，就是一个传一个过去的。拉瓷砖是出力的，不出力不能挣钱。

……

问：这个时候在枣庄捡垃圾就不比在南通拉瓷砖赚钱了？

答：那是比不上，那一天一百多块呢！

问：那我再问您，您首先从家里到枣庄捡垃圾比干小工挣钱，到了南通拉瓷砖又比在枣庄捡垃圾挣钱，那为什么您又来到上海呢？是不是您觉得上海这边的工作比拉瓷砖要挣钱？

答：你看，将（刚刚）来到是比那个要挣钱，那个出力，比如这个瓷砖，这个你不拉，是没有一分钱的。这个呢，在这捡垃圾呢，捡十斤你能卖十块钱，卖八块钱，能卖钱！

……

问：那当时大婶让您过来代替她的时候，您自己不也是在厂里干了一年多嘛，您那时候在厂里的工资要比您在南通拉瓷砖的工资多吗？

答：要低。

问：低？

答：低，不是有拣出来的垃圾嘛，垃圾不是卖钱嘛！除了厂里的工资，还有卖垃圾的钱，两样一加不就比那高了嘛？还要轻松，钱又多！

问：您当时就是这么考虑的才过来的？

答：嗯！要不我不过来。

从这段较长的对话中，LQW 的经济理性思维被呈现得一清二楚。首先他为什么要去枣庄捡垃圾呢？那是因为他想在农闲的时候去挣两个钱。由于农业本身季节性较强，农作物的生长周期也较长，加之苏北地区人均土地较少，因此这给他较多的农闲时间。LQW 充分利用这个农闲时间选择去拾荒而没有选择打工，是因为他认为拾荒要比打工强。当他发现到南通拉瓷砖比在枣庄拾荒更赚钱的时候，他又放弃了拾荒而去拉瓷砖。不过正如他自己所说，"拉瓷砖是出力的，不出力不能挣钱"。当他再次发现到上海来拾荒，既能挣钱而且活又轻松的时候，便来到上海拾荒。在这连续的行业转变过程中，经济理性便是 LQW 行为的主要指导原则。或者说，这种连续的行业转换是其经济理性运作的结果。

正是这样的一种经济理性运作，致使 LQW 选择了拾荒并从一个兼职拾荒者转变为一个专业拾荒者。那么，在面对强烈的社会歧视和偏见的情况下，LQW 是如何感知和理解自己拾荒者的身份呢？

问：出去可以做瓦工啊，做小工啊，您为什么会想到要捡垃圾呢？

答：捡垃圾呢，比打工强（"强"字拖音长）！这个呢，无止无休，不得赔本……这比打工能挣钱！

这里涉及两种身份，一种是拾荒者身份，一种是打工者身份。在 LQW 看来，拾荒比打工要强，而且这个拾荒行业具有"无止无休，不得赔本"的特点。正是在与打工者身份作比较的过程中，LQW 感受到了拾荒者身份的相对优势。这样，在 LQW 对拾荒者身份的认知图式里，拾荒者身份与较多的经济利益、富裕等积极社会意义就被关联起来。不过这种身份的相对优势，主要是从经济理性的角度来衡量的。注重经济理性是农民思维的主要模式之一。

尽管拾荒者身份具有某种相对的优势，但是 LQW 也看到了拾荒行业的另外一些特性，而也正是因为这些特性的存在，致使拾荒行业与拾荒者遭受强烈的社会歧视和偏见。

问：您觉得您做这一行是好呢还是不好？是体面呢还是……

答：实际情况呢，说实话，就是不干净（拖音）！脏！没有上班的干净，对吧！

……

问：那您的亲戚朋友知不知道您在外捡垃圾？

答：不知道。亲戚不能说吧，丢人的事。

从经济理性的角度来看，LQW认为拾荒比打工的（上班的）强，从而发现了拾荒者身份的相对优势，更是树立和增强了他从事拾荒行业的信心。然而即便如此，他也感知到了拾荒者身份的相对劣势，那就是与打工者（上班者）相比，拾荒比打工要肮脏，并认为拾荒是丢人的事情。这样，在LQW对拾荒者身份的认知图式里，拾荒者身份与肮脏、丢人等消极社会意义就联系在一起了。

不过，在与打工者身份相比的过程中，LQW分别从拾荒者身份的相对优势和相对劣势两个方面进行比较，并将其拾荒者身份的相对优势与经济利益、富裕等积极社会意义相关联，而将其拾荒者身份的相对劣势与肮脏、丢人等消极社会意义相关联。在拾荒者身份的相对优势和相对劣势之间，LQW寻求了某种平衡：

问：您就是觉得做这一行比较脏一点，但是自己能忍受，我能干。

答：哎！再脏，我能干！别人不能干！看你拾垃圾的，上海人看不起你。

问：为什么看不起您呢？

答：你脏啊！不干净！

……

问：那您生气吗？

答：那肯定生气。你嫌俺脏，你不脏，俺能挣着钱。你上班你要受人管，俺这个没人管没人问，对吧！随便自由！

……

问：您就喜欢做这个（拾荒）？

答：哎，喜欢做这个……

这个对话表明,在 LQW 看来,拾荒虽然脏,但他不仅能挣钱,而且自由。也正因此,他"喜欢做这个(指拾荒)"。至此,LQW 的拾荒者自我身份认知图式便呈现出来,这种自我身份认知图式包括两大认知维度:一个认知维度是拾荒者身份的相对优势,指拾荒者身份与经济利益、富裕、自由等积极社会意义相关联;另一个认知维度是拾荒者身份的相对劣势,指拾荒者身份与肮脏、丢人等消极社会意义相关联。在 LQW 的拾荒者自我身份认知图式里,拾荒者身份的相对优势比其相对劣势更为重要,而这种认知图式恰恰是经济理性运作的结果。因此,LQW 主动选择拾荒并认同自己的拾荒者身份,尽管这个行业面临着来自他人的强烈社会歧视和偏见,但他仍旧坚持拾荒而不放弃,这背后恰恰就是这样的一种自我身份认知图式运作的结果,正如下面的对话所表明的那样:

问:如果有更好的工作,您会转行吗?

答:不转,这个旱涝保收! 你上班,今天歇班了,没有钱吧? 有点感冒上医院了,这个也没有钱吧? 这个下大雨刮大风,俺有钱!

二、想和子女们在一起

(一) 个案 WHQ

WHQ,男,六十一岁,农民,安徽省亳州市利辛县人,小学文化。他有四个孩子,三个儿子一个女儿,均已成家,且都在上海谋生。WHQ 的妻子也在上海这边照顾孙子们。三个儿子都有自己的货车,搞长途运输。女儿女婿从事拾荒,属于游走收购型拾荒者,专门收购编织袋。在未来上海之前,WHQ 一直在家种地。由于孩子们都在上海这边,因为想念子女,六年前,WHQ 将土地让给别人耕种,夫妇二人来到上海与子女团聚。

来到上海之后,虽然与孩子们团聚了,但 WHQ 不想给子女们增加负担,而是主动出去捡拾一些柴火卖钱来维持生活,尽量不向子女们伸手要钱。不仅如此,他还贴补大儿子,因为大儿子有四个小孩,家庭负担较重。为此,WHQ 得罪了二儿子和三儿子,因为他们认为父亲偏袒老大。这样,二儿子和三儿子不仅不给他生活费,而且其妻还不得不为二儿子照顾孩子。二儿子和三儿子认为他们给的生活费用都被父亲补贴给了老大,因此对他们不公平。而作为父亲的 WHQ 希望三个儿子都过上好日子,因此他确实补贴大儿子较多。就这样,一方面为了子女情结,要和子

（图片七：WHQ站在三轮车旁）

女们在一起，另一方面又不想给子女们增加负担，WHQ就主动选择捡拾柴禾维持自己生活。

一开始每天捡拾的柴火还能卖个十块二十块的，后来柴火捡不到了，看到别人收破烂，他就开始收破烂了。现在他以捡垃圾为主，以收垃圾为辅。他每天早晨五点钟起床，吃点面条，就外出拾荒了。中午，他一般在外面买三个包子，只需一块多钱，吃完就再接着拾荒，一直到晚上五六点才回家。几年来，他每天如此。即使这样辛苦地拾荒挣钱，每个月的收入除了房租、水电费等，几乎没有剩余。既然拾荒并不能带来很多的经济利益，那么WHQ为什么还要坚持拾荒呢？很显然，拾荒对于WHQ来说，其经济利益本身并不是最重要的，重要的是拾荒带来的经济利益让他得以与子女们在一起。换句话说，即使WHQ不拾荒，他仍旧可以和子女们在一起，只不过这样增加了子女们的家庭负担而已。

不过，几年的拾荒经历让WHQ对拾荒与种田哪个更轻松，以及子女情结有了新的认识。他认为拾荒比种田累,想回家种田了;以前总希望能和子女们在一起,现在这种希望变得脆弱了,因为他发现三个儿子对自己不够孝顺。

(二)"自己都看不起自己"

作为四个均已成家立业的孩子的父亲,六十一岁的 WHQ 为了能和自己的子女们在一起,放弃了在家里享受晚年生活的机会,而是千里迢迢来到上海与子女们一起生活,就是因为他们想念孩子。但是既要和子女们在一起,又不想增加子女们的家庭负担,WHQ 主动选择了拾荒来维持自己的生活。他的这种"上为下"①的传统养育模式仍旧在发挥作用。

问:当时您为什么想到上海来捡拾柴火呢?

答:呃……儿子不搁上海开车的嘛,不想搁儿子一块嘛,可是?

……

问:您想他们了?

答:呃! 想小孩可知道? 老了就这样的! 来了呢,我们也不能闲着吃啊,挣点钱生活维持啊,你不能光靠小孩呀! 小孩他都有小孩啊,老婆孩子一大家子。现在我们还干动啊,不能连累他们! 自劳自食! 真正干不动老了,他不会不给吃的! 现在我们还能干动呢,可知道? 连捡带收,就这样。碰到就捡一点,碰不到就收一点。

为了能和子女们在一起,WHQ 主动选择了拾荒,成为一个拾荒者,以直接捡拾垃圾为主。

问:您愿不愿意去捡(垃圾)呢? 到垃圾桶去扒呢?

答:我一般捡多数! 我捡的多! 我大部分靠捡,百分之六十靠捡!

那么在 WHQ 看来,直接捡拾型拾荒者与游走收购型拾荒者有着怎样的区别呢?

---

① 在笔者的家乡有这样一句俗语"上为下是真的",意思是说父母为了子女再辛苦都愿意,而且实际上也一直这样辛苦着。言外之意,当父母年老的时候,子女会不会孝顺他们是不得而知的。

问：您觉得收（垃圾）跟他们捡（垃圾）啊，有什么区别呢？有什么不一样的地方？

答：他们收（习）惯了，有门路的，你叫他捡他也不捡啊！他能收到钱啊，呵呵……捡呢，是没有办法没有门路了！

问：还有没有其他区别呢？

答：也没其他什么区别，收呢，多挣点钱，捡呢少挣点钱。收呢，碰巧了，哪个厂里货多，多挣钱呀！捡呢，捡不到钱的，一天只能捡个十几块钱，超不过十五块钱！

问：就是说一个是捡的钱少一点，收的钱多一点；第二个就是捡是没有门路的。

答：对呀！没有门路，他才捡你可知道？捡呢，不要本钱，捡一个得一个！

问：那您有没有觉得他们捡啊，比咱们收要低一等？

答：捡吧，捡（习）惯了就想捡，收（习）惯了就想收！收（习）惯了就不愿意捡！捡（习）惯了就不愿意收！

……

问：那您觉得捡垃圾的人跟收垃圾的人啊，他们有没有什么高低之分？

答：那当然有高低啰！他收的挣钱多呀！有高低！区别大！

问：这是一个，还有一个就是……您觉不觉得收垃圾的人比捡垃圾的人……就是说咱们有没有瞧不起他们？对他们有没有什么看法？

答：你像我们捡垃圾的，他们有的就瞧不起我们捡垃圾的！

问：就是您自己认为啊，捡垃圾和收垃圾相比，捡垃圾的人是不是比收垃圾的人低一等？

答：哎！是的！是的！那当然低了！收垃圾就看不起我们捡垃圾的呀！

WHQ 认为直接捡拾型拾荒者与游走收购型拾荒者之间存在着三种区别：第一种区别是游走收购型拾荒者有门路，而直接捡拾型拾荒者没有门路，不得不依靠捡拾的方式拾荒；第二种区别是游走收购型拾荒者收入较多，而直接捡拾型拾荒者收入较少；第三种区别是游走收购型拾荒者瞧不起直接捡拾型拾荒者。这样，在 WHQ 的自我身份认知图式里，我们便发现了第一个认知维度,即游走收购型拾荒者身份与有门路、收入较多、社会地位相对较高等积极社会意义联系在一起,而直接捡拾型拾荒者身份与没有门路、收入较低、社会地位较低等消极社会意义联系在一起,并且直接捡拾型拾荒者遭受来自游走收购型拾荒者的歧视。这种自我身份认知图式发生在拾荒者群体内部的边界划分上,是 WHQ 对自我身份认知图式的建构。当我们把拾荒者群体与其他群体的边界做出划分时,WHQ 的自我身份认知图式又是怎样的构造呢?

问:那您也是捡垃圾的……

答:对呀! 我是捡垃圾的呀! 捡垃圾的到哪里人都看不起你呀! 走到哪里都看不起!

问:这是别人看不起咱们,我就是说……

答:自己都看不起!(高声)不要讲别人了,呵呵……

问:自己也看不起自己?

答:那当然啦! 你捡破烂的,扒垃圾桶的,哪能看起你呢?

……

问:您也看不起捡垃圾的人?

答:呃,对! 那当然啦! 谁都是那样……

问:那您觉得自己也是捡垃圾的,为什么您也看不起捡垃圾的呢?

答:捡垃圾的你搞得脏兮兮的,谁看起你?

问:就是您自己都看不起自己?

答:那当然啦! 自己都看不起自己,你还要讲别人嘛? 明摆的事! 捡垃圾是最孬的! 最低的! 没有比捡垃圾还要脏的! 所以人就看不起你……

在 WHQ 看来,拾荒是最孬的行业,社会地位最低的行业,也是最脏的行业。如此一来,"最孬""最低""最脏"等消极社会意义就被赋予拾荒者身份。与其他行业的从业人员相比,WHQ 就用这些消极社会意义将拾荒者群体与其他群体的边界进行区分和界定。因此,在 WHQ 的自我身份认知图式中,我们又发现了第二个认知维度:拾荒者身份与最孬、最低、最脏等消极社会意义紧密关联。

然而对于 WHQ 来说,虽然自己属于拾荒者群体并具有拾荒者的身份,但他并不认同这个身份,正如他自己所说"我自己都看不起自己",这便出现了身份主体与身份之间非统一性的状态,即身份主体对自我身份不予以认同,也就是本研究提出的矛盾性身份概念的内涵,这在后文将被专门论述。我们在这里看到,对于拾荒者身份的歧视和偏见不仅来自他人,也来自拾荒者自身,甚至来自初级群体的家庭。

问:那家里人都知道您在干这个了,对吧?

答:呃! 我家老婆都看不起我! 不要讲人家了! 人家可能更看不起呀!

问:那您的儿子们呢? 女儿呢?

答:都看不起呀! 看不起,不让我捡! 不让我捡,我也要捡啊!

这样我们就又发现了在 WHQ 自我身份认知图式中的第三个认知维度:拾荒行业与拾荒者遭受到来自拾荒者自身、家人及其社会的普遍社会歧视和偏见。于是我们便可以勾勒出 WHQ 的自我身份认知图式的整体构造,它包括三个认知维度:第一个认知维度是拾荒行业与拾荒者遭受普遍的社会歧视和偏见;第二个认知维度是拾荒者身份与"最孬""最低""最脏"等消极社会意义关联;第三个认知维度是在拾荒者群体内部,游走收购型拾荒者身份与有门路、收入较多、社会地位相对较高等积极社会意义联系在一起,而直接捡拾型拾荒者身份与没有门路、收入较低、社会地位较低等消极社会意义联系在一起,并且直接捡拾型拾荒者遭受来自游走收购型拾荒者的社会歧视。

在十六位主动选择型拾荒者当中,我们选出两个比较具有代表性的个案分析了这种类型的拾荒者对自我身份的感知和理解,从而勾勒出主动选择型拾荒者对自我身份的认知图式的构造。我们发现,在主动选择型拾荒者群体中普遍存在着两种自我身份认知图式:一种主动选择型拾荒者根据经济理性的思维方式,从相对优势和相对劣势两个方面来建构拾荒者身份认知图式;从拾荒者身份的相对优势方面来说,这种身份与经济利益、富裕、自由等积极社会意义相关联,而从拾荒者身份的相对劣势方面来说,它又与肮脏、丢人等消极社会意义相关联;这种主动选择型拾荒者接受和认同自己的拾荒者身份,因而身份主体与身份之间得到了统一,即身份主体认同自我身份。然而另一种主动选择型拾荒者并不是根据经济理性的思维方式来建构自己的身份认知图式的。在他们看来,拾荒行业与拾荒者身份必然地遭受普遍的社会歧视和偏见,它们与"最孬""最低""最脏"等消极社会意义相关联,拾荒者身份被赋予的消极社会意义是主要的,甚至是其身份内涵的全部,尽管拾荒者身份也意味着自由。更重要的是,这种主动选择型拾荒者并不接受和认同自己的拾荒者身份,从而造成了身份主体与身份之间的非统一性状态。那么是什么原因导致同样是主动选择型拾荒者却有着如此不同的身份认知图式呢? 生命历程理论同样为此提供了可能的解释路径,但对这个问题的探讨同样超出了本研究的范围。

第三节　过渡型拾荒者

在笔者采访的三十七位拾荒者当中,有一位拾荒者特别引起了笔者的兴趣。这位拾荒者认为拾荒只是他们的权宜之计,拾荒只是暂时性的,拾荒只是一种手段,是为后面的职业选择服务。他与被动选择型拾荒者不同,他不是不得不以拾荒为生。但他又与主动选择型拾荒者不同,他不是看重拾荒行业的经济利益,也不是因为其他某种原因而主动选择拾荒。对于他来说,拾荒只是一个权宜之计而已,笔者将这样的拾荒者概念化为过渡型拾荒者。[1]那么这种类型的拾荒者又是如何感知和理解自己的拾荒者身份的呢? 他的自我身份认知图式又会有着怎样的构造? 我们将再次沿着前面的分析思路,通过典型个案的分析,探讨过渡型拾荒者的自我身份认知图式。

一、从医生到拾荒者

（一）个案 LSC

LSC,男,五十五岁,山东省临沂市苍山县人,中专文化。笔者第一次遇到他时,他正在某小区内收购废品。在笔者说明了采访目的后,他问笔者采访过程会不会被拍了上电视,笔者告诉他不会的,他这才同意采访。LSC 有一儿一女,儿子已成家,并有一孙女,女儿仍在上学。他只身来到

---

① 在这里,我们再次指出,虽然在笔者的调查中这种类型的拾荒者只有一人,但我们完全有理由将其作为一个类型来看待,因为他呈现出与其他两种类型拾荒者不同的独特特征。

（图片八：LSC在拾荒）

上海，家里人并不知道他在上海做什么。他只是向家里打过电话，告诉家人他在外面一切都好，叫家人不要挂念。在LSC来上海不久，儿子儿媳也来到了上海，儿子做点小生意，儿媳在一家厂里上班，但他们仍旧不知道父亲到底在上海做什么。

　　中专毕业后，LSC曾在当地镇政府计生部门工作。几年后结婚生子了，第一个孩子就是男孩。按照封建传统思想的说法，他已经有了传宗接代的人了。但就是在这种情况之下，LSC还想再要一个孩子，他认为多子多福。如果他再要一个孩子，那他就是超生，就违反了国家计划生育政策。作为公职人员，需要严格执行国家计划生育政策的，更何况他本身又是从事计划生育工作的。多生一个孩子便意味着要失去公职，但就在公职与多生一个孩子之间，他选择了后者，做出了超乎常人想象的事情。就这样因为超生，他失去了公职，不得不做起了乡村赤脚医生。2005年左右，当地政府为了加快新农村建设的步伐，促进农村医疗改革，在镇医院的领导下,每个行政村办起了社区医院,LSC 进入本村医院工作,并担任办公室主任一职。2007 年,医学专科毕业的儿子也进入了这家社区医院工作。

2008 年的某一天,全镇二十八个社区医院负责人到镇医院开会,LSC 也参加了这次会议。会上,镇医院领导布置工作任务,要求每个社区医院配合镇医院的工作,给每个行政村的儿童注射疫苗,疫苗由镇医院负责采购与分发,并给每个社区医院负责人颁发了疫苗注射许可证。会后,LSC 便领取了疫苗药品积极落实工作。不料,疫苗是假药,家长们不愿意用这个药品了,纷纷退给了 LSC。这些疫苗药品就这样堆放在 LSC 这里,于是他不得不带着药品去找镇医院院长解决问题。让他出乎意料的是,这次院长告诉 LSC 他根本不知道疫苗这件事。明明是院长在会上亲自布置要求的,为什么他现在又不承认了呢? 憋了一肚子火的 LSC 带着证件和药品去县卫生局上访,但无终而返。LSC 的工资也被停发了,不得已,父子二人离开了社区医院。

由于失去了工作,农业收入又甚微,LSC 外出来到上海打工。他一开始找了一份装卸工的活,但因年龄太大,物流公司老板辞退了他。接着他又找了一份给人在菜市场卖菜的活,同样因为体力有限,主动提出不干了。后来在一位老乡的建议下,他开始蹬起了三轮车拾荒。到笔者采访他的时候,他拾荒时间才三个月左右。

一家废品收购站的老板出于对 LSC 的同情,主动让他住在收购站内。这样不用租房,对于 LSC 来说节省了很大一笔开销。现在他每天从天一亮就开始出去拾荒,一直到晚上才回到住处,一天三餐也是随便应付的,每个月也能挣个六七百块钱。他告诉笔者,拾荒只是暂时的,等攒够了钱,就要回去跟院长打官司,然后再回去做医生。

在这次采访中,LSC 听说笔者是一名博士生,希望笔者能为他写一篇文章反映他被诬陷的事实。笔者也答应了他的请求,让他留下了联系方式。第二次笔者按照联系方式去那家废品收购站找到了他,并和他一起到街上的小吃店就餐,具体地了解了一下关于疫苗药品的事情。当笔者再次去废品收购站找他的时候,废品收购站的工作人员告诉笔者那里没有这个人,就这样我们失去了联系。

(二)"我从小不是干这个的人啊"

LSC 是一个 80 年代的医学专业中专毕业生,毕业后能在镇政府里有

着一份体面的工作,应该说在那个年代这是非常让人羡慕的。然而就是
这样一个可称之为"成功人士"的人却在多子多福与工作前途之间做出了
让人出乎意料的选择。为了多生一个孩子,他宁愿舍弃自己的正式工作。
在别人看来,或许这种"舍工作要孩子"的行为是愚蠢的,但他却不这样
认为。

> **问**:那大妈的文化程度是……
>
> **答**:初中,我是中专。
>
> **问**:您是中专?
>
> **答**:嗯,我是中专!我没好意思说。
>
> **问**:没关系,中专以前很吃香的啊!
>
> **答**:对,很吃香!我一开始分配到乡镇医院去的,搞计划生育,罚起
> 来了。
>
> **问**:嗯?罚起来了?什么意思?
>
> **答**:就是不要了!开除了!
>
> ……
>
> **问**:那当时有没有什么补偿啊?
>
> **答**:没有,什么都没有!犯法了!
>
> **问**:犯法了?
>
> **答**:计划生育,(我)多要了(小孩),就犯法了嘛!
>
> **问**:哦,我明白了,就是您自己作为计划生育管理者,自己却犯法了?
>
> **答**:不是,我们那儿都那样!
>
> **问**:都生一男一女,两个小孩?
>
> **答**:哎!如果你要结婚,你一男一女,你大学也不要了。

对于 LSC 来说,遵守当地的生育文化远比工作来得更加重要。如果
用韦伯的四种行动理想类型来衡量他的"舍工作要孩子"行为的话,那它
属于价值理性行为。[①]由此可见,地方传统生育文化的力量是如何之强
大。然而,它也是格尔茨笔下《文化的解释》语境中一个适合的注脚。失

---

① [德]马克斯·韦伯:《经济与社会(上卷)》林荣远译,北京:商务印书馆,1997 年,第 56—
57 页。

去公职的 LSC 便做起了赤脚医生,后来又进入了社区医院。

> 问:那您现在谈一谈以前从事过哪些行业?
> 答:我从毕业以后……
> 问:中专毕业后,就进了乡政府的计划生育部门,管这口子的。
> 答:呃,对!对!
> 问:后来因为超生了,就退下来了。
> 答:嗯!
> 问:那您在计划生育部门干了多久? 就是这个大概是什么时候的事情?
> 答:八六年。
> 问:工作了多久呢?
> 答:干了六七年。
> ……
> 问:那您从哪一年开始做赤脚医生的呢?
> 答:退下来以后就做了。
> 问:那就是九零、九一年的时候?
> 答:嗯!
> 问:那又是什么时候进入到社区医院的呢?
> 答:有两、三年了。
> 问:那就是说在 2005 年、2006 年的时候? 在这之前一直干了很多年的赤脚医生?
> 答:嗯! 然后就遇到了院长的那个事情,就来到了上海,是不是?
> 问:我在家里维持不住了,没有收入了。

就这样,LSC 因为超生失去了公职,而后又遭遇到疫苗药品事件。在整个疫苗药品事件中,LSC 始终认为自己是个受害者,受害的损失不只是经济上的,还有心理上的,他因此感到非常"憋屈"。

> 问:这个社区医院什么时候建立的?
> 答:两、三年了,反正。
> 问:那您在里面是作为医生?

答:嗯,我作为医生,我那里面我说了算,我还是主任。

问:哦,您儿子前年毕业是不是也进了这个社区医院?

答:也进了这个医院了。

问:进了这个医院之后,您就退出来了吗? 他是代替您的,还是怎么样子的?

答:他也在里头,我也在里头。因为我为什么掉眼泪呢? 我可叫憋死了! 农村,各方面事情用词不当的(处理问题不公正、公平等)!

问:您说慢一点。

答:农村,去给医院院长打一仗儿,去跟他拼命,是不值当的。因为什么我工作没了呢? 是医院用的就是安徽的人,医院那个卫生局的,领着证上我那卫生所,不光我那卫生所,全县都是呢! 因为他是非法的!

问:您是说你们那个社区医院是非法的?

答:医院领的证,叫我们去给小孩……就是搞防疫。它是非法的! 医院弄的是非法的! 我们不知道! 我们去开会的时候,院长开会时候就说,只要是医院下去的人,坏了由医院安排! 而这会坏事情了医院不给安排了! 我刚才和你讲,所以我出来了。

……

问:哦,这个时候他(镇医院院长)又不承认了?

答:哎,对! (他)不承认了! 我们那个镇的……二十八个卫生室,卫生室都去了。

问:哦,二十八个卫生室都到院长那里拿到通知书了,证书了,要去给小孩打防疫针?

答:哎! 刚才我掉眼泪,我可憋死了! 我要是抱炸药包不值得! 我要是不抱炸药包吧,把我弄不上了。

也正是因为这个疫苗药品事件,LSC 离开了社区医院。因为家里农田收入较少,家中人口较多,所以他才不得不外出打工。但又因自身身体条件的限制,他不得不选择了拾荒行业。从上面的叙述中,我们发现 LSC 选择拾荒是迫不得已,是被逼出来的结果。但就是这种被逼出来的选择才致使他将拾荒作为一种权宜之计,拾荒的目的是渡过现在的难关,积攒费用,回去与院长打官司,让自己再回到原先的医生工作岗位上。

问：在这种情况下，您有没有想到要去为自己辩解？

答：所以我很想（被）采访你呢……我现在不忍心啊！我一个收破烂的，收完破烂我要跟他们打官司。你院长不能是主席吧？还有上面还有主席压着你！还有法院呢！所以我就打算打官司。

······

问：······您谈一谈今后的打算。

答：今后打算就是仍是收这个破烂，赚个一、两千块钱我就改行了。

······

问：为什么要改行呢？

答：这行不适合我！

问：想改成哪一行？

答：我还是想做那个（从医）！

这种将拾荒作为权宜之计的手段性运用的特征，恰恰把 LSC 与被动选择型拾荒者和主动选择型拾荒者区分开来，因此被称为过渡型拾荒者。对于后二者来说，拾荒本身就是目的。那么这种过渡型拾荒者对自己的拾荒者身份有着怎样的感知和理解呢？他的拾荒者自我身份认知图式又是怎样的一种构造呢？

问：那您现在会不会直接从垃圾堆里捡呢？

答：捡！

问：就是那种生活垃圾，从垃圾桶里直接捡？

答：哎！

问：您现在也收，那您以收为主还是以捡为主？

答：以收为主！捡不好意思啊！

······

问：那你为什么好意思收呢？

答：因为没有什么吃的，你得吃饭啊！

问：那捡（垃圾）也是挣钱，收（垃圾）也是挣钱啊？

答：捡也怪下贱，其实收也怪下贱的！生怕遇到熟人！

在 LSC 看来，虽然自己觉得不好意思去捡垃圾而是去收垃圾，似乎收

垃圾比捡垃圾更能让他接受,但是他也认为不论是捡垃圾还是收垃圾都是
"怪下贱"的。因此,我们就会发现在 LSC 对自己拾荒者身份认知图式中的
第一个认知维度,就是拾荒者身份与"下贱"这种消极社会意义关联在一起。
然而,尽管 LSC 认为直接捡拾型拾荒者与游走收购型拾荒者都是一种"下
贱"的拾荒方式与身份,但是他也看到了两种类型拾荒者之间的区别。

问:那您觉得捡垃圾的人和收垃圾的人之间,是不是还是有一点区别?
答:有!
问:您觉得这个区别是什么?
答:一下子也说不上道理来,就是……
问:是不是觉得他们捡垃圾比我收垃圾要低级一点?
答:哎,对!
问:所以您不愿意干最低级的活?
答:哎,对! 对! 实际上这个捡破烂嘛,捡破烂和收破烂嘛,实际上不
如捡破烂挣钱!
问:哦,不如捡的挣钱,捡的反而比收的更挣钱?
答:嗯!
问:既然这样,那您为什么不捡?
答:就是太下贱了!

从经济理性的角度来看,LSC 认为直接捡拾型拾荒者要比游走收购
型拾荒者挣钱。但是这种经济理性的思维方式并没有让他成为一个直接
捡拾型的拾荒者,他选择了以游走收购的方式拾荒。因为在他看来,尽管
两种类型的拾荒者都很"下贱",但相对而言,直接捡拾型拾荒者更为"下
贱"。于是,我们便发现在 LSC 的自我身份认知图式中的第二个认知维
度,即直接捡拾型拾荒者身份要比游走收购型拾荒者身份下贱。作为一
个拾荒者,LSC 对拾荒者身份感到下贱的认知来自自己亲身感受到的社
会歧视和偏见。

问:就是门卫或者保安不让您进?
答:哎,对! 对!
……

问：主要是看大门的不让您进？

答：哎！有的好的呢，就说不能进，有的绝活的不能进。

问："绝活的"什么意思？

答：就是骂人！

问：怎么骂的？

……

答：呵呵，这个不用说了。"你瞎眼吗，你？""妈你个×！"

来自他人对拾荒者的社会歧视和偏见强化了 LSC 对拾荒者身份的认知，即拾荒是很下贱的，拾荒者身份是卑微的，这种认知致使他不愿意告诉家人他在外面究竟干什么。

问：您自己现在是怎么看待，怎么评价这一行的？这一行是我想干的，还是我不想干的？干这一行有没有丢人？有没有让人瞧不起？甚至会自己瞧不起自己？有没有想法？

答：都有这样的想法！

问：您自己是怎么想的？

答：俺是被逼的！

问：逼的。

答：我给家里打电话，我都不说。

……

问：到现在大妈、您女儿都不知道吗？

答：都不知道。

问：您儿子知道吗？

答：儿子，儿子我见一面。

问：那有没有告诉他？

答：没告诉他！

在这里我们看到一个"社会歧视和偏见—个体认知—个体行为"之间的互动模式。就是说他人对拾荒者身份的社会歧视和偏见强化了身份主体对身份的认知，进而形成了自我身份认知图式。在这种身份认知图式的制约下，身份主体的行为反过来又强化了这种身份认知图式。在 LSC

对自我身份的认知图式中,我们也发现了身份主体与身份之间出现非统一性的状态。

> 问:那您自己为什么会有这种感觉(拾荒被人瞧不起)呢?
> 答:我从小就不是干这个(拾荒)的人啊!
> 问:您说您本来可以不干这个的,不应该干这个的,但恰恰现在逼着自己干这一行了,就觉得很丢脸,是不是? 而不是觉得这一行本身丢脸? 就是自己以前的工作和现在所做的对比太强烈了,感到丢脸,对吧?
> 答:对!
> 问:就是说您没有看不起捡破烂的人?
> 答:我没有!
> ……
> 问:这样我就了解了,您不是对捡破烂这个本身有偏见,而是对自己的前后变化,感到……
> 答:不应该!

LSC 觉得自己从一个医生变为一个拾荒者,是自己所不能接受的现实,认为自己"从小就不是干这个(拾荒)的人",但问题是他现在恰恰就是一个拾荒者。那么他是如何看待他人从事拾荒与自己从事拾荒的区别呢? 上面的对话清楚地向我们表明,尽管社会上存在对拾荒者强烈的社会歧视和偏见,但他没有瞧不起捡破烂的人;然而他又认为拾荒行业是下贱的,不愿接受自己是一个拾荒者的事实身份。因此,在 LSC 的自我身份认知图式里,不仅出现了身份主体与身份之间非统一性的状态,而且也出现了相互矛盾的身份认知。这种自我身份认知图式使得 LSC 对他人的拾荒者身份能够予以接受和认同,但对自己的拾荒者身份予以拒斥和否定。这样一来,我们就可以勾勒出 LSC 的自我身份认知图式的构造:第一个认知维度就是拾荒者身份与"下贱"的消极社会意义相关联;第二个认知维度是在拾荒者群体内部,相对而言,游走收购型拾荒者身份要比直接捡拾型拾荒者身份"高尚"一些;第三个认知维度是他可以接受和认同他人的拾荒者身份,但却拒斥和否定自我拾荒者身份,因而导致了身份主体与身份之间的非统一性状态。

在前面的三节内容中,我们通过典型个案的分析方法分别探讨了被动选择型拾荒者、主动选择型拾荒者与过渡型拾荒者的自我身份认知图式。由于选取的个案具有典型性,因此他们能够说明本研究中每种类型拾荒者的一般特征。从理论上说,三种拾荒者类型的划分涵盖了本研究中所有的拾荒者。但由于在调查点的选取与资料收集过程中会不可避免地存在一些局限性,因此,在三种拾荒者类型的划分与每种类型拾荒者的自我身份认知图式被用于更大范围的推论时,我们须持谨慎态度。

本 章 小 结

在本章中,我们依据拾荒者的拾荒动机的不同,将三十七位拾荒者分为三种类型:被动选择型拾荒者、主动选择型拾荒者与过渡型拾荒者。在三种类型中,相对而言,被动选择型拾荒者的典型特征是贫困,没有技能,没有文化,不得不选择拾荒作为自己的收入来源,这种类型的拾荒者有二十人,占总数的百分之五十四点一;主动选择型拾荒者的典型特征是认为拾荒行业非常适合自己,而且利润丰厚,他们本可以选择其他行业而不去拾荒,但他们没有这么去做,或者因为某种原因拾荒者生存本不必依靠拾荒但却选择拾荒,这种类型的拾荒者有十六人,占总数的百分之四十三点二;过渡型拾荒者的典型特征是认为拾荒只是权宜之计,拾荒只是暂时性的,拾荒只是一种手段,是为后面的职业选择服务,这种类型的拾荒者有一人,占总数的百分之二点七。

由于三种类型拾荒者的拾荒动机不同,因而在面临他人与社会对拾荒者持有强烈的社会歧视和偏见时,他们对自我拾荒者身份的感知和理解也是不同的,我们将这种对自我身份的感知和理解概念化为自我身份认知图式。为了分析不同类型拾荒者的自我身份认知图式,我们从每种类型的拾荒者中选择典型的个案进行分析,进而勾勒出了不同类型拾荒者的自我身份认知图式,具体说来:

在被动选择型拾荒者群体中,我们发现存在着三种自我身份认知图式:第一种是个体认为拾荒与拾荒者遭受社会歧视和偏见,认同拾荒行为与拾荒者身份的道德性与正当性,但不愿意认同和接受自己的拾荒者身份;第二种是个体认为拾荒与拾荒者遭受社会歧视和偏见的,且否定拾荒行为与拾荒者身份的道德性与正当性,更不认同和接受自己的拾荒者身份;第三种是个体认为拾荒与拾荒者遭受社会歧视和偏见的,但肯定拾荒行为与拾荒者身份的道德性与正当性,认同和接受自己的拾荒者身份。

在主动选择型拾荒者群体中,我们发现存在着两种身份认知图式:一种主动选择型拾荒者根据经济理性的思维方式,从相对优势和相对劣势两个方面来建构拾荒者身份认知图式;从拾荒者身份的相对优势方面来说,这种身份与经济利益、富裕、自由等积极社会意义相关联,而从拾荒者身份的相对劣势方面来说,它又与肮脏、丢人等消极社会意义相关联;这种主动选择型拾荒者接受和认同自己的拾荒者身份,因而身份主体与身份得到了统一。然而另一种主动选择型拾荒者并不是根据经济理性的思维方式来建构自己的身份认知图式的。在他们看来,拾荒行业与拾荒者身份必然地遭受普遍的社会歧视和偏见,它们与"最孬""最低""最脏"等消极社会意义相关联,拾荒者身份被赋予的消极社会意义是主要的,甚至是其身份内涵的全部,尽管拾荒者身份也意味着自由。

在本研究中,过渡型拾荒者只有一人,我们发现这种类型拾荒者的身份认知图式包括三个认知维度:第一个认知维度是拾荒者身份与"下贱"的消极社会意义相关联;第二个认知维度是在拾荒者群体内部,相对而言,游走收购型拾荒者身份要比直接捡拾型拾荒者身份"高尚"一些;第三个认知维度是他可以接受和认同他人的拾荒者身份,但却拒斥和否定自我拾荒者身份,因而导致矛盾性身份的形成。

研究还发现,不论是被动选择型拾荒者,主动选择型拾荒者还是过渡型拾荒者,在其各自的自我身份认知图式中呈现出相同的认知维度,即拾荒与拾荒者受到来自他人的社会歧视和偏见,与一些消极社会意义相联系。这说明,尽管在提倡社会宽容和价值多元的当今社会里有极少数拾荒者的成功案例,但在更大的社会系统中,拾荒者作为一种包括三种类型拾荒者的集体身份,已被社会性地污名化,[①]并将作为一种社会现实客观地存在着。无论个体出自什么动机,只要成为一个拾荒者,他就不可避免地感受到被污名化的集体身份之制约。

---

① 有关污名的经典研究,详见[美]欧文·戈夫曼:《污名——受损身份的管理札记》,宋立宏译,北京:商务印书馆,2009 年。

第四章　拾荒者在行动——自我身份建构

在本研究的三种类型拾荒者中,不论他们出于何种动机从事拾荒行业,他们都感受到了来自他人对拾荒者身份的社会歧视和偏见,这是拾荒者共同面对的外部环境。但又因为每种类型拾荒者的拾荒动机、生活经历、文化水平、家庭背景等各方面因素的不同,他们对自我拾荒者身份的感知和理解是不同的,因而形成了不同的自我身份认知图式。那么,拾荒者究竟面临着来自他人对其身份持有怎样的社会歧视和偏见呢? 在面临着他人对其身份持有社会歧视和偏见的情况下,拾荒者自身又是如何应对的呢? 他们又是如何建构自我认同的拾荒者身份的? 抑或是通过何种方式主观上消解了这种社会歧视和偏见,从而使自己继续维持着拾荒者的身份? 在本章中,我们将主要分析拾荒者在日常生活中遭受对其身份的社会歧视和偏见,拾荒者在面对他人对其拾荒者身份的社会歧视和偏见时,分别动用何种以及如何动用可资利用的资源,采用何种行动策略与身份建构机制来实现自我身份的建构。

第一节　日常生活中的社会歧视和偏见

在笔者访谈的三十七位拾荒者当中,他们无一例外地都感受到了来自他人以不同方式表达的社会歧视和偏见,主要表现在与拾荒相关的日常生活中他人指向自己的语言和行为上。①

---

① 有关社会歧视和偏见的研究在二者之间做了区分。社会歧视是社会上的某一群体或社会上人们所共有的针对某一弱势群体的不公平、否定性和排斥性的社会行为或制度安排,而社会偏见"是一种缺乏客观依据、固定的、先入为主的观念和态度。在社会心理学中,偏见多指否定性、拒斥性的态度",因此社会歧视与社会偏见有着如下关系,即社会偏见是社会歧视的社会心理根源,而社会歧视是社会偏见的外显行为,但并不是所有的社会偏见都必然地转化为社会歧视,换句话说,社会偏见向社会歧视的转化是有条件的。相关研究详见[美]安塞尔•（转下页）

一、语言化的社会歧视和偏见①

所谓语言化的社会歧视和偏见是指以言说的方式表达的社会歧视和偏见,言说本身就是生产和再生产社会歧视和偏见的过程。

个案一:WGF

问:那你为什么不做这一行? 是为了年轻人的面子?

答:应该是有一点,你听我给你讲年轻人去捡垃圾有几大因素不好,有一点,你去捡破烂,年轻人你捡破烂,有的上海人就说,叉你娘的,这么年轻的人去捡废品,有手有脚的不出去干活,找工作,这样讲你。

问:有没有人这样讲你?

答:哎呀,多了去了!

问:都是什么人这样讲你?

答:基本上都是上海人,外地人也有。

个案二:WHQ

问:自从您捡垃圾以来,您有没有遇到别人因为您是捡垃圾的,而对您说了不礼貌的话,或者做了不礼貌的事情?

……

答:有! 有! 我就碰到这样的呢,骑着破三轮车,谁高兴熊你,就熊你啊! 有! 有! 所以你采访得清楚! 我赞成你采访! 这样的情况多!

问:好像别人挡他路了?

(接上页)M. 夏普、查尔斯·A. 雷克斯特、保罗·W. 格兰姆斯:《社会问题经济学(第十五版)》,郭庆旺译,北京:中国人民大学出版社,2003 年,第 150 页;邵道生:《中国大百科全书·社会学》,北京:中国大百科全书出版社,1991 年,第 213 页;黄家亮:《论社会歧视的社会心理根源及其消除方式——社会心理学视野下的社会歧视》,《思想战线》2005 年第 5 期,第 89—93 页。在本研究中,我们没有在宏观层次上对社会歧视做出分析,而是在日常生活的微观层次上展开研究;同时我们对社会歧视和偏见并没有做特别的区分,而是在社会歧视和偏见的表现形式上做出了区分,将其区分为语言化的社会歧视和偏见与行为化的社会歧视和偏见。

① 田艳在《简论语言中的社会歧视》一文中,对语言中存在的社会歧视做了分析。她指出语言中的社会歧视主要通过一些构词手法、流行词语、称谓词语、民谚、网络文学等手段表现出来,并借助具有强大功能的媒体、文学作品、社会舆论以及人际传播。详见田艳:《简论语言中的社会歧视》,《西北民族大学学报(哲学社会科学版)》2008 年第 5 期,第 103—107 页。

答:呃,又是挡他路了,又是慢了,又是走的不是地点了,他骑车子快得很,他怨你!我不吭声,你过去了你不走你路嘛,可是的?

个案三:LSC

问:那您跟城管啊,派出所啊,市容部门啊,和这些人有没有发生过矛盾呢?

答:没有!我从来不和他们闹矛盾!

问:那他们有没有这样说"哎,老头这里不能呆,走,走",类似的话有没有说过?

答:有!

问:这是城管吗?

答:不是,他是看大门的不让你进。

……

问:主要是看大门的不让您进?

答:哎!有的好的(门卫)呢,就说不能进,有的(不好的门卫说)绝活的不能进。

问:"绝活的"什么意思?

答:就是骂人!

问:怎么骂的?

答:他骂人还用说吗?

问:没关系,您说没关系。

答:呵呵,这个不用说的了。"你瞎眼吗,你?""妈你个×!"

上述三个个案分别来自被动选择型拾荒者、主动选择型拾荒者与过渡型拾荒者,他们因为自己的年龄、走路的速度以及停留的地点等而遭受到他人语言化的社会歧视和偏见。实际上在日常生活中,与拾荒相关的很多因素,都可能成为他人生产和再生产对拾荒者身份的语言化的社会歧视和偏见的工具。这种以言说方式表达的社会歧视和偏见构成了拾荒者生活世界的一部分。换句话说,语言化的社会歧视和偏见、拾荒与拾荒者已经融为一体了,它们彼此定义并构成着对方。在这种语言化的社会歧视和偏见的背后,隐藏着该社会歧视和偏见的持有者对自我身份的提升而对拾荒者身份的贬低之逻辑。

二、行为化的社会歧视和偏见

所谓行为化的社会歧视和偏见是指以行为、动作的方式表达的社会歧视和偏见,行为或动作本身就是生产和再生产社会歧视和偏见的过程。

个案一:JSB

问:……您会不会反驳几句呢?

答:当然会反驳几句了,呵呵……捡垃圾的怎么的? 捡破烂我也是人啦! 我有一次在真北路那个大桥那里,我骑自行车在前面走,那个上海人,两个人他们骑了个电瓶车。他三口子一个电瓶车。他在后面想超车呢,超车后来撞到我了。那个人行道不是太窄了嘛,我在前面走,他想超。在超的时候呢,他没有超好,他直接撞倒我车子上去了,把(我)撞倒了。撞倒之后不要紧,我手都跌破了。撞倒之后呢,我心里话呢,我这个比较那个,因为他当时也跌倒了,大家忍忍就算了。反正嘛,我也没有什么大碍,我就这个意思。哎呀,结果他还不让我! 那你不让我好了,既然你不讲道理,那我们就来讲道理吧! 当时我就打了110,你不让我,那我反过来还不让你呢! 他意思说我背这个口袋又是高又是怎么的。我说你要说我违章,你三口子骑一个电瓶车更是违章……最后不是警察处理了嘛! 当时那个警察呢,维护上海人。你看那警察怎么说呢? 我把这个情况讲给他听,他也把情况讲给他听。最后呢,警察和事佬态度,算了,算了,赔他几十块钱算了。

问:谁赔(给)谁几十块钱?

答:叫我赔给他呀! 我被他撞了,他还叫我赔他几十块钱! 我当时就说,你这个警察处理不对头……

……

问:通过这件事,您会有怎样的感受?

答:心里的感受嘛,就是外地人啊,捡垃圾,收废品啊,警察有点维持上海人!

在个案JSB遭遇的撞车事件中,一方当事人从背后超车撞倒了另一当事人。从法律上讲,根据事件情节来看,超车的当事人应该对事件负主要责任。但是作为国家代理人的警察,却将事件主次责任者颠倒,从而导致 JSB 的当面反驳。警察这种处理事件的方式,正如 JSB 所说,是在"维持上海人"。这种处理方式本身就是一种行为化的社会歧视和偏见,其背后隐藏着对外地人的社会歧视和偏见,更包含着对外地拾荒者的社会歧视和偏见,从而提升了上海人的身份。

个案二:QJB

问:有没有因为您是捡破烂的,遇到过让您很生气的语言或是行为?
答:……他看不起你他也不会讲出口的。
问:那您是怎么知道的呢?
答:这个嘛,他要是看不起你,同样走路他对你的脸色不好,就是看不起你。
……
问:比如您在上海坐公交车的时候,有没有感觉到人家对您有什么看法呢?
答:那就是说你身上脏来的,没有他穿得那么干净,那么他就不靠近你啦,他也不讲什么,不靠近你就行了,远一点,就这么回事。那种人也有,你穿脏了一点他当然不会靠近你。

个案三:LSC

问:这是工厂看门的还是社区看门的?
答:都有!
问:就是门卫或者保安不让您进?
答:哎,对!对!
……
问:有没有因为您是捡破烂的,在生活当中啊,会遭遇到一些人家不礼貌的行为,或者看不起的行为,有没有?
答:有!
问:您举个例子吧,人家对您说了什么,还是做了什么?

答：说不清啊，瞧不起！

……

问：您有没有感觉到，因为我是捡垃圾的，城市里处处有人排挤我？这个排挤跟歧视差不多？

答：有！有个收破烂的，年轻的，我收破烂的，他想揍我。

……

问：您是好好地在街上转悠的时候，他突然来了，还是……

答：我那天收不少，收了一车，掉下来了，我去捡起来，"你收这么多是想挨揍了你？"

　　在个案二和个案三中，来自他人的行为化社会歧视和偏见以"对你的脸色不好""不靠近你"以及"不让进（社区）"等行为方式表达出来。上述三个个案同样分别来自被动选择型拾荒者、主动选择型拾荒者与过渡型拾荒者。他们在日常生活中，因为拾荒而遭受到来自他人行为化的社会歧视和偏见。这种以行为、动作等方式表达的社会歧视和偏见也构成了拾荒者生活世界的一部分。换句话说，行为化的社会歧视和偏见、拾荒、拾荒者也已经融为一体了，它们彼此定义并构成着对方。在这种行为化的社会歧视和偏见的背后，也隐藏着该社会歧视和偏见的持有者对自我身份的提升而对拾荒者身份的贬低之逻辑。

　　由此可见，不论出于何种动机进入拾荒行业而具有拾荒者身份的人，都面临着同样的外部环境，即他人对拾荒者身份的社会歧视和偏见。这种社会歧视和偏见主要有两种，即语言化的社会歧视和偏见与行为化的社会歧视和偏见。我们需要看到，当指向拾荒者身份的社会歧视和偏见以语言和行为的方式表达出来的时候，表达的过程就是生产和再生产社会歧视和偏见的过程，因而也就是再生产拾荒者身份的过程，因为这种社会歧视和偏见与拾荒者身份的关系已被结构化了，并且成为拾荒者自身与他者认知拾荒者身份图式之重要维度。此外，我们还需要指出，语言化的社会歧视和偏见与行为化的社会歧视和偏见不是截然分开的，二者是相互强化的。生产和再生产语言化的社会歧视和偏见的过程往往就是生产和再生产行为化的社会歧视和偏见的过程。我们之所以在这里将二者区分，只是强调对拾荒者身份的社会歧视和偏见的生产和再生产媒介的不同，一是通过语言符号，一是通过行为举止。

第二节　被动选择型拾荒者的行动逻辑

在本研究中,属于被动选择型拾荒者的有二十人,占总数的百分之五十四点一,其典型特征是贫困,没有技能,没有文化,不得不选择拾荒作为自己的主要收入来源,甚至是唯一的收入来源。那么这种类型的拾荒者在面临着来自他人对其拾荒者身份的社会歧视和偏见的时候,他们是如何做出反应的;面临着这些社会歧视和偏见的时候,他们是如何利用一系列可资利用的资源、行动策略以及身份建构机制来建构自我身份的。我们研究发现,被动选择型拾荒者采用了两种行动逻辑来抵抗他人对其身份的社会歧视和偏见:建构自我认同的拾荒者身份与寻求另种身份。

一、建构自我认同的拾荒者身份

虽然在他人看来,拾荒者身份与肮脏、低俗、混乱、非法、无序、无知、邋遢、没有文化、贫困、盗窃、危险、不体面等消极意义相联系,这种泛化的、集体性的、被想象的身份由一群肮脏、邋遢、贫困、无知、无序、危险的拾荒者群体形象表达。拾荒者身份与这些消极社会意义的联系,恰恰是造成他人对拾荒行业与拾荒者身份持有强烈的社会歧视和偏见的根源所在。这种社会歧视和偏见类似于涂尔干所说的集体意识,成为一种社会事实,弥散于社会的每个角落。拾荒者虽然无力消除这种集体意识,改变这种社会事实,但他们在试图建构自我认同的拾荒者身份。这种自我认同的拾荒者身份建构可以被视作是拾荒者对自我身份进行的积极建构,以此来反抗社会身份。在被动选择型拾荒者中,我们发现存在着三种对拾荒者自我身份进行积极建构的行动策略:第一种行动策略是拾荒者通过赋予自己拾荒者身份以积极的社会意义而达此目的;第二种行动策略是通过改变自身形象而达此目的;第三种行动策略是通过与其他群体比较而达此目的。

(一) 赋予拾荒者身份积极社会意义

在笔者的访谈中,每位被动选择型拾荒者都对语言化和行为化的社会歧视和偏见有着深刻的体会和感受。面对这些社会歧视和偏见的时候,他们试图给自己的拾荒者身份赋予各种积极的社会意义来建构自身身份的道德性和正当性,并不断地予以强化。

个案:JGH

问:这么长时间以来,您是不是觉得捡垃圾丢脸? 让人瞧不起,有没有这种感觉?

答:没有! 瞧不起? 现在捡垃圾人家还眼红呢! 上海人眼红! 捡垃圾捡垃圾发财了!

问:您一直都没觉得这一行丢人是吧?

答:呃,我不觉得丢人! 我现在也老了,六十八了,老了,找活做又找不到,人家又不要你年纪大的做活。

问:那您年轻的时候有没有觉得捡垃圾丢人呢?

……

答:丢什么脸? 我又不是去偷人家的!

在个案JGH对拾荒者自我身份建构过程中,她赋予这种身份的积极社会意义是"不丢脸""不偷盗",认为拾荒并不是一件丢脸的事情。同时,她把拾荒、"不丢脸""不偷盗"与自己的年龄联系起来,这样不仅建构了拾荒者身份的道德性和正当性,而且进一步建构了老年拾荒者身份的道德性和正当性,从而认同了自己的拾荒者身份,有效地抵抗了他人对拾荒者身份的社会歧视和偏见。因此,积极的社会意义便成为她用于身份建构的资源。

个案:WGF

问:你对这个行业本身有没有什么看法,或是偏见呢?

答:现在也没有,自劳自食也没有什么,我感觉我认识的这些人当中都很好的,不像人家认为的这么坏。

问:你所谓的"好"是什么?

……

答:你不偷人家东西不就好了吗?

……

问:他们(亲戚)对你做这一行什么看法呢?

答:看法就是说……怎么说呢,也是一种生存方式……

在笔者的访谈对象中,个案 WGF 是年龄最小的拾荒者。为了建构自我认同的拾荒者身份,WGF 赋予这种身份以"自劳自食""不偷人家东西""一种生存方式"等积极的社会意义,从而建构了自己对拾荒者身份的认同。值得注意的是,他还将拾荒提升到"一种生存方式"的高度,这种高度的提升,恰恰是为了论证年轻拾荒者身份的道德性和正当性。因为在常人看来,不需要技术、不需要文化、门槛低的拾荒行业似乎是老年人的选择,因此,老年拾荒者身份具有一定的不言自明的道德性和正当性。但问题是 WGF 是一个二十多岁的年轻人,因此要建构自身拾荒者身份的道德性和正当性,他必须做到:第一建构拾荒行业的道德性和正当性,第二建构"我"从事拾荒的道德性和正当性。面对第一个拾荒行业的道德性和正当性的建构,他已达成目的,此时利用的资源是道德性资源。而面对第二个"我"从事拾荒的道德性和正当性的建构时,他把拾荒视作"一种生存方式",是一种自由选择的结果,从哲学的高度论证了年轻的"我"拾荒者身份的道德性和正当性。当然,这是 WGF 不自觉地践行着哲学的结果。

在理想状态下,为了抵抗他人对拾荒者身份的社会歧视和偏见,建构一个自我认同的拾荒者身份,建构拾荒者自我身份的道德性和正当性,拾荒者需要同时建构两种道德性和正当性:一种是拾荒行业的道德性和正当性,另一种是"我"从事拾荒行业的道德性和正当性,而自我认同的拾荒者身份正是这两种道德性和正当性统一的化身。只有在这两种道德性和正当性都被建构的情况下,拾荒者才能认同拾荒者自我身份。

(二) 改变自身形象

除了上述的赋予拾荒者身份以积极的社会意义,以建构自我认同的拾荒者身份来抵抗来自他人对拾荒者身份的社会歧视和偏见以外,我们还发现拾荒者建构自我认同身份的第二种行动策略,这就是改变自身形象。因为在常人看来,拾荒行业与拾荒者总是与肮脏的社会意义联系在一起,这是人们对拾荒者普遍的认知。这种认知又通过拾荒者的衣着、举止等外表得以强化和生产,进而生产和再生产了人们对拾荒者身份的社会歧视和偏见。面对这种生产和再生产拾荒者身份歧视和偏见的机制,拾荒者反其道而行之,通过改变自身形象来阻断这种生产机制。

个案：GGM

问：那有没有出现过你去买东西，别人嫌弃你脏啊什么的？

答：这种情况也不是说没有，你自己要注意。你像有的扫垃圾的人穿得跟叫花子样的，我们老了还是很注意的。你比如说衣服穿干净一点，胡子经常刮一刮。老年人一般不讲，年轻人他有的嘴里不说，他就不卖给你，单位里的他不叫你去收，他看你不顺眼。你穿的丑一点就丑一点嘛，那就穿干净一点。我一直就是穿得很整洁，一直都是这样。

个案 GGM 为了建构自我认同的拾荒者身份，阻断因拾荒者外表因素而导致人们对拾荒行业和拾荒者身份的社会歧视和偏见的生产和再生产机制，他主动注意自己的衣着，注重自己的外表形象。当笔者采访他的时候，如果单从衣着外表等表面特征，确实很难把他与拾荒者联系在一起。但他脚蹬的三轮车以及车里的废品又让你不得不承认他就是一个拾荒者。这让笔者感到很惊讶，原来拾荒者并不都是衣着肮脏、蓬头垢面的。笔者的亲身感受足以说明，通过自身形象改变机制来阻断拾荒者身份的社会歧视和偏见的生产和再生产机制，进而建构拾荒者身份的道德性和正当性，建构自我认同的拾荒者身份，这是一种有效的行动策略。此时，拾荒者利用的是其自身的形象资源。

（三）与他者比较

"认同"本身就是一种主观感受。为了建构和增强这种主观感受，在主观上消解他人对拾荒者身份的社会歧视和偏见，建构自我认同的拾荒者身份，拾荒者通过不同的比较机制获得某种相对优越感，从而增强了对自我身份的认同。

1. 年龄比较机制

年龄比较机制是指依据年龄的不同，不同年龄段的拾荒者相互比较，从而获得某种相对优越感，进而建构"我"从事拾荒行业的道德性和正当性，建构自我认同的拾荒者身份，以抵抗他者对其身份的社会歧视和偏见。

个案：LLF

问：这一行是又脏又累，是什么什么人干的活。就您自己怎么看？觉得这一行是适合我,还是不适合我? 是不是让我丢面子? 丢家里人的面子了,有没有这种感觉?

答:现在呢,无所谓了!

问:现在是无所谓了,当时有所谓的?

答:那才捡(捡垃圾)怎不丑呢? 看到家门人(家乡人)好跌相啊! 就跟要饭样的,人家都不要饭,你怎搞要饭?

问:那您现在为什么觉得……

答:我现在想呢,时间又干长了,人捡的多,又不是我一个人捡? 我一望都是捡,感觉到就像不丑了样。

问:那就是说您觉得这个行业本来是让您丢面子的事,现在反而不让您丢面子了,觉得这个很正常的?

答:呃,对! 我讲现在人家都捡! 年轻人都捡! 我讲我们捡就感觉到不丑! 我讲年轻人捡都不丑,年轻人背个包,那个手捡,那个都是捡的(刚刚开始),又怕丑!

问:您见过最年轻的捡垃圾的人大概多大?

答:最年轻的大概在十五六岁,十六七岁。

个案 LLF 从一开始感觉到拾荒很丑,跌相,到后来感觉到拾荒不丑了,不跌相了,并且觉得拾荒是很正常的现象。他对拾荒前后态度的转变,实际上就表明了他对拾荒者自我身份的认同的转变——从不认同拾荒者自我身份到认同拾荒者自我身份。在这种转变的过程中,我们发现年龄比较机制发挥了重要作用。随着拾荒时间的积累和拾荒人数的增加,LLF 发现有很多年轻人也在拾荒。年轻人拾荒的事实给 LLF 提供了比较的对象和自我身份认同建构的资源。在他看来,年轻人都可以干这个遭受他人社会歧视和偏见的行业,六十多岁的他又有什么不可以做的呢? 正是通过与年轻拾荒者的比较,获得了年轻人不以拾荒为丑,自己更不必以拾荒为丑的认知,LLF 建构了自己拾荒者身份的道德性和正当性,因而认同了自己的拾荒者身份。

作为老年拾荒者的个案 LLF 应用这种年龄比较机制,通过与年轻拾荒者相比,获得了某种相对优越感,从而建构自我认同的拾荒者身份。我们也发现,年轻拾荒者也应用同样的年龄比较机制,与老年拾荒者比较,获得某种相对优越感来建构自我认同的拾荒者身份。

个案:SZH

问:那你当时看到有人在收垃圾,你为什么不去收呢?

答:上来不懂啊,你也没有钱,不懂啊!你得学呀!学好才管去收!那一次也是俺那边的一个老头子认识,他一个老头子管去收,我能不管吗? 我讲我下去试试。

……

问:所以你就看上了收?

答:嗯,所以我就收,呵呵……

在四十三岁的个案 SZH 看来,老年拾荒者都具备拾荒的能力,比他们年轻很多的自己更具有拾荒的能力。通过年龄比较机制,他发现了自己的相对优势,因此他为自己的拾荒者身份提供了道德性和正当性,建构了自我认同的拾荒者身份。由此可见,年龄比较机制不仅可以为老年拾荒者身份提供道德性和正当性,而且也可以为较为年轻的拾荒者身份提供道德性和正当性。这表明,年龄比较机制总能为拾荒者提供将其身份道德化和正当化的资源。

2. 行业比较机制

行业比较机制是指在不同行业之间进行比较,从而获得自己行业的某种相对优越感,进而建构"我"从事拾荒行业的道德性和正当性,建构自我认同的拾荒者身份以抵抗他人对其身份的社会歧视和偏见,而这种相对优越感就是拾荒者用于身份建构的资源。我们发现,在被动选择型拾荒者中,行业比较机制经常被应用在农业与拾荒行业、打工者与拾荒者①之间。

个案:NL

问:我的意思就是说你们家的生活水平在你们当地来说,怎么样?
……

答:一般的,不能算好的……

---

① 打工者可被视为非拾荒行业外出务工人员,因此打工者与拾荒者的区分可以被视为行业之间的区分。

……

问：那就是说你们生活水平在当地算偏下的？

答：我们在外打工十几年都没回家，都不在家里，都在这里，都在上海租房子，一直都不退房子的！十几年了！从九几年（开始）。在家里没法生存！就是说以前农活啊，就是地里的活啊，种农田啊，上缴粮以后就没有粮食吃！又是这个粮食吧不好，要从外面打工挣钱，回去上缴。从那以后就是说没法生存，就到外面打工了。

个案 NL 拾荒已有七八年了。在她看来，依靠农业无法让她家人生存，她不得不和丈夫一起来到上海谋生，而在上海她以拾荒为业，并且能让生活维持下去。在 NL 的叙述中，她所谓的打工实际上就是指拾荒。就这样，她在农业和拾荒行业之间进行了比较，获得了拾荒行业比农业更能让家人生存的相对优势，因此她建构了自己从事拾荒行业的道德性和正当性，进而建构了自我认同的拾荒者身份。这是行业比较机制在农业与拾荒行业之间运作的例子，我们还会发现拾荒者还经常在打工者与拾荒者之间进行比较，从而建构自我认同的拾荒者身份。

个案：SZH

问：你感觉到别人看不起咱们这个行业？

答：很多的，你一个收破烂的……

问：他本人也是收破烂的，是不是？

答：不是，就是其他人说的，哎，他是收破烂的！其实他打工瞧不起你收破烂的。

问：打工瞧不起收破烂的。

答：其实，说实在的，打工跟收破烂的基本上差不多的！但你打工的也好不到哪儿去！你不过比我们做的……穿得干净一点，就是这样的！

人们会普遍认为打工比拾荒要更体面、更正当，然而 SZH 却不以为然。他通过行业比较机制，认为"打工跟收破烂的基本上差不多的"。即使 SZH 不认为拾荒者比打工者要强，但至少他会认为拾荒者不比打工者差，因而他也获得了某种相对优越感，如此一来，他也建构了自我认同的拾荒者身份。

前面的行业比较机制均发生在不同行业之间,实际上这种比较机制同样可以发生在同一行业内部的不同成员身上,例如直接捡拾型拾荒者与游走收购型拾荒者之间的比较。

个案:AZJ

问:您有没有觉得收垃圾丢面子啊?

答:那个呢,我倒不考虑!你只要不偷人呢,都是没有好大面子不面子!着重我不服那东西(闻不得垃圾桶、垃圾堆等的异味)!

问:所以您也没觉得蹬着三轮车去收啊,要比从垃圾桶里捡的人要高干(高人一等)一些?

答:那不是的!他立(这)个捡垃圾呢,一般捡垃圾呢,都是起早带晚,一般来讲都是手脚不稳!我八九点钟,必须把铃子摇着,人家出来才晓得人家有没有东西卖。我对捡垃圾呢,不感兴趣!着重捡垃圾起早带晚……一个来讲你是偷还是捡哎……

问:所以您觉得他们捡垃圾有偷的嫌疑?

答:呃,对!我感觉立(这)个……立(这)个对孩子们丢脸……

……

问:如果您现在遇到一个不认得的人,他问您做什么工作的,您会不会说我是捡垃圾的?

答:那我讲我收破烂的嘛,我讲我捡垃圾我不干啊!到仗子(现在)我没捡过垃圾!捡垃圾我不承认!

不论是直接捡拾型拾荒者,还是游走收购型拾荒者,都属于拾荒行业,但不同的拾荒方式之间的比较,让个案 AZJ 获得了某种相对优越感。在 AZJ 看来,直接捡拾型拾荒者会"手脚不稳""有偷的嫌疑",因而会给"孩子们丢脸",这样他就为自己的游走收购型拾荒者身份提供了道德性和正当性,从而建构了自己认同的拾荒者身份。

二、寻求另种身份

被动选择型拾荒者为了抵抗来自他人对其身份的社会歧视和偏见,

除了通过各种行动策略来建构自我认同的拾荒者身份以外,他们也会寻求另一种身份的建构,而这种身份比拾荒者身份要体面,或者说比拾荒者身份具有更好的社会地位。换句话说,就是拾荒者身份给拾荒者带来的"卑微感"被另一种身份带来的"荣耀感"所替代或补偿。个案 SZH 为我们提供了极好的例证。

　　SZH,男,四十三岁,安徽省利辛县人,小学文化。由于他父亲在五六十年代做过村干部,得罪了很多人,这给他们兄弟几人找对象带来极大困难。为了能讨个媳妇,他不得不到较为偏远的外省去打工寻求机缘。后来,他随老乡到山西煤矿挖过煤。打工期间,结识了一位在利辛县老家本村附近已婚妇女,该妇女是被骗婚骗到这里的。该妇女离婚后,与 SZH 结合。结婚以后,SZH 和妻子一起南下广东拾荒,并开过废品收购站。由于常年在外,家里房屋倒塌,宅基地让人侵占乱用。为了杜绝他人乱用宅基地,SZH 决定回家盖房子了。房子盖好以后,夫妻二人带着儿子又来到上海。SZH 又干起了拾荒,妻子在一户人家做保姆,儿子就在租住处附近的小学上学。

　　问:他(生产队长)是不是以为你不要这个地方了?
　　答:不! 因为地我要不要是我的事情啊,我是要讲话的呀……我一去造房子,买钢筋,买水泥,买砂子,这些东西,准备动工了,我去扒我房子去了,人家都不相信我盖房子……
　　……
　　问:你的家人都知道你做这个吧?
　　答:知道。
　　问:他们对你做这个有没有什么看法?
　　答:他们……反正一个村子里都知道我有钱,呵呵,就那样的。
　　……
　　问:那现在老家人更多人认为你在外面……
　　答:我说个简单的话,像以前我在家的时候,从来没有人说到我那去吃饭喝酒,根本不睬你!
　　……
　　问:那没盖房子之前?
　　答:嗯,现在回家就不一样了。现在不说有头有脸的,起码在外头能混上,能露两下,他腰里有几个钱的,就叫你去吃饭。其实我……不是讲……我对这样的人不感兴趣!

SZH以前家里贫穷,村里人都看不起他,正如他所说,当他准备材料盖房子的时候,人家都不相信他会盖房子。但通过多年在外拾荒,房子确实盖起来了,于是在村民眼中,他从一个穷人就变成了一个富人,"反正一个村子里都知道我有钱"。从一个不被别人理睬的人,到现在有人叫去吃饭喝酒的人,SZH这种切身体会,恰恰是因为通过拾荒富裕起来之后,引起村里人态度的前后变化。换句话说,拾荒让SZH在老家成为一个"有钱人",具备了"有钱人"的身份。这样我们就会看到对于个案SZH来说,他有着不处于同一社会空间中的两种身份,一种是在外的拾荒者身份,这种身份遭受着他人的社会歧视和偏见;然而,在家乡,他通过拾荒建构了另一种身份,即"有钱人"的身份,这种身份让他在家乡有了地位,有了声望。正是在家乡的这种"有钱人"的身份,替代或补偿了拾荒者身份,从而使拾荒者身份的"卑微感"不再重要,并且拾荒者身份变得有意义了,因为拾荒者身份成为建构"有钱人"身份的工具。因此,我们发现,为了抵抗来自他人对拾荒者身份的社会歧视和偏见,虽然拾荒者并不认同拾荒者身份本身,但是拾荒者身份的工具性应用建构了另一种身份,而另一种身份对于拾荒者来说是非常重要的,其重要性足以让拾荒者继续维持拾荒者身份。在这种意义上,我们可以将对另种身份的寻求视作对自我身份建构的一种方式,行动者利用的是身份资源①本身。这样一来,寻求另种身份也是拾荒者抵抗他人对其身份的社会歧视和偏见的有效行动策略。

第三节　主动选择型拾荒者的行动逻辑

在本研究中,根据拾荒者的拾荒动机的不同,我们将三十七位拾荒者分为三种类型:被动选择型拾荒者、主动选择型拾荒者与过渡型拾荒者,其中,主动选择型拾荒者有十六人,占总数的百分之四十三点二。这种类型的拾荒者普遍认为拾荒行业非常适合自己,而且利润丰厚,他们有的本可以选择其他行业而不去拾荒,但他们没有这么去做,或者因为某种原因

---

①　这里的身份资源指不同身份为身份主体提供的意义。

拾荒者本不必依靠拾荒维持生活但却选择了拾荒。总之,因为拾荒行业对拾荒者具有某种重要的意义,这种意义的重要性足以让其主动选择该行业,尽管拾荒行业遭受他人强烈的社会歧视和偏见。因此,主动选择拾荒是这类拾荒者职业选择行为的主要特征。那么这种类型的拾荒者在拾荒生活中面临着来自他人对其身份的社会歧视和偏见时利用了何种资源、何种行动策略以及身份建构机制来予以抵抗进而维持拾荒者身份的?在这节内容中,我们将继续沿着分析被动选择型拾荒者的行动逻辑之方法,考察主动选择型拾荒者在主动选择拾荒的前提下,面对他人对其身份的社会歧视和偏见时建构拾荒者自我身份的行动逻辑。

通过前面的分析,我们发现尽管主动选择型拾荒者与被动选择型拾荒者一样,他们在拾荒生活中都会遭受到来自他人的语言化和行为化的社会歧视和偏见,并且这些社会歧视和偏见成为他们拾荒生活的重要组成部分,但是他们与被动选择型拾荒者之间的根本区别就是主动选择型拾荒者是主动选择拾荒的,而被动选择型拾荒者是被动选择拾荒的。那么这种主动选择与被动选择的区别在他们抵抗来自他人对拾荒者身份的社会歧视和偏见时所利用的资源、所采用的行动策略以及身份建构机制上是否表现出差异呢?若要分析主动选择型拾荒者利用何种资源、采用何种行动策略以及身份建构机制来抵抗他人对其身份的社会歧视和偏见,我们必须要先分析他们做出这种主动性选择拾荒行为的逻辑,然后在此基础上再分析他们是如何利用资源、行动策略以及身份建构机制来抵抗他人对自我拾荒者身份的社会歧视和偏见的。只有这样,我们才能揭示出主动选择型拾荒者身份建构的行动逻辑。

一、主动选择的逻辑类型学

与被动选择型拾荒者的拾荒选择不同,主动型拾荒者是主动选择拾荒的。那么这种主动选择性行为的背后,有着怎样的逻辑呢?

(一)经济逻辑

在本研究中,所谓的经济逻辑是指个体在主动选择拾荒时遵循的是经济原则,即拾荒可以带来经济利益,而且这种经济利益要大于在现有条件下个体通过其他方式获得的经济利益。一些个体正是因为看到了拾荒的这种经济利益,而主动选择拾荒的。

个案:WXJ

问:就是说穷人是人家看不起的?

答:对! 穷,他妈的一个奶子(亲兄弟姐妹)都看不起我们!

问:只要混穷了,人家就看不起?

答:对! 对……

问:就是说你们家在当地以前可能很多人都看不起你们,现在呢,现在是不是要好一点?

答:现在人家看起了!(高声地说)现在人家……你有钱啦,你捡垃圾有钱了,人家看起你啦! 哎! 房子一盖好,人家看起你了! 是这样的!

……

问:那个垃圾桶啊,会不会别人也去捡呢? 还是只有你们去捡?

答:旁人也可以捡嘛! 我们这边扫,你不是一下子都护了。有捡的,在哪个地方呢,也是安徽的,小吕,他在真北路市场,也扫马路,他那会捡垃圾啊,一晚上一百多块呢! 好得很! 看到他捡垃圾了,我们都捡了,不干了(不继续在环卫所做临时工),哈哈……

……

问:那您现在家庭收入主要有哪些?

答:一个月反正两、三千块钱吧。

问:就是捡垃圾的收入?

答:对!

个案 WXJ 是一个典型地遵循经济逻辑的原则而主动选择拾荒的人。他看到同行拾荒而且收入丰厚以后,他主动辞去了环卫所清洁工的工作而选择了拾荒。通过拾荒,他富起来了,盖起了房子,更让他高兴的是拾荒让他在当地有了面子了,不再让人瞧不起了。正是拾荒带来的巨大经济利益,使得 WXJ 主动选择了成为一个拾荒者。

(二) 减负逻辑

在本研究中,所谓的减负逻辑是指个体在主动选择拾荒时遵循的是减负原则,即拾荒可以减轻下一代的家庭负担,因此这里的"减负"特指上一代减轻下一代的家庭负担。如果个体不从事拾荒,下一代仍然会尽赡养义务。就是说遵循减负原则的拾荒者不必依赖拾荒维持生活,他主动选择拾荒只是为了减轻子女们的家庭负担。

个案：WHQ

问：以前在家种庄稼是吧？一直种庄稼？

答：呃，对！

问：什么时候来上海的？

答：我到上海来今年有五六年了。

……

问：当时您为什么想到要到上海来捡柴禾呢？

答：呃……儿子不搁上海开车的嘛，不想搁儿子一块嘛，可是（对吧）？

……

问：您想他们？

答：呃！想小孩可知道？老了就这样的！来了呢，我们也不能闲着吃啊，挣点钱生活维持啊，你不能光靠小孩呀！小孩他都有小孩啊，老婆孩子一大家子。现在我们还干动啊，不能连累他们！自劳自食！真正干不动老了，他不会不给吃的！现在我们还能干动呢，可知道？连捡带收，就这样。碰到就捡一点，碰不到就收一点。

……

问：那您想啊，儿子们都成家立业了，都儿孙满堂了……

答：哎呀，谁为谁自己吃呀！儿子呢，他不但不给你钱，你还得给他钱！大儿子四个小孩，负担重得很！我每月都贴他！

在这个个案中，我们看到因为想念孩子，WHQ想和家人在一起。但又因为子女们都已成家，都已有自己各自小家庭的负担，为了不给子女增加负担，他主动选择拾荒来维持自己的生活。由于大儿子家庭负担很重，WHQ还用拾荒的收入贴补他。他之所以这么做，恰恰是减负逻辑运作的结果。

（三）自由逻辑

在本研究中，所谓的自由逻辑是指个体在主动选择拾荒时遵循的是自由原则，即拾荒可以让他享受自由，这种自由对个体来说非常重要。需要指出的是，在笔者的调查中，拾荒者对自由的理解是朴素的。在他们看来,自由就是不受管制,自己想做什么就做什么,想什么时候做就什么时候做,因此我们可以将之概括为朴素的行动自由与人身自由。①一些个体正是为了享受这种其他行业不能提供的自由而主动选择了拾荒。

个案:LYX

问:当时来上海首先是进厂吗?

答:没有……后来我就在这里跟人家打工,一开始去做保姆,做了好几年保姆。

……

问:做了几年?

答:三四年吧,后来我就上废品站跟人家打工。

问:……为什么你不做保姆了呢?

答:那怎么说呢,那不就是老感觉上海人家都那么高档,哎呀,也不自由,后到废品站打工呢,自由一点。

……

问:哦,有人收废品的介绍的?

答:哎! 碰到都是老乡,安徽人啊,打工的,在那里呢,工资低的时候比做保姆工资呢,还要高一点,主要是不受管制……

……

问:像这样秤称(在废品站的工作)你干了多长时间?

答:一年多,后来我就不干了,我下来自己收,呵呵。买了个三轮车,那就有经验了呀!

问:为什么不干了呢?

答:那就……这样子更自由! 你赚钱还多!

从个案 LYX 的职业选择来看,她刚来上海的时候没有选择进厂上班,而是选择了保姆工作。在做了几年的保姆工作后,她感觉到做保姆不

---

① 这与哲学意义上的行动自由不同,与法律意义上的行动自由与人身自由也有区别。关于哲学意义上的行动自由的观点,详见胡传胜:《自由论》,南京:译林出版社,2003 年;李石:《意志自由和行动自由——基于人类欲求之等级结构的分析》,《世界哲学》2010 年第 1 期,第 131—140 页。

自由。经人介绍,她进入一家废品站打工。她认为在废品站打工不仅要自由一点,而且工资还要比做保姆的工资高一些,但她认为"不受管制"是她放弃保姆工作而选择在废品站打工的主要原因。然而在废品站干了一年多之后,她又停止帮人打工了,而是自己直接以游走收购的方式拾荒,因为她认为"这样子更自由! 你赚钱还多!"这样我们就可以看出,在LYX的职业选择行为中,是对自由的追求主导了她的行为选择,使其最终进入拾荒行业,成为一个拾荒者。因此,她的拾荒行业的主动性选择,遵循的是自由逻辑。

（四）休闲①逻辑

在本研究中,所谓的休闲逻辑是指个体在主动选择拾荒时遵循的是休闲原则,即个体把拾荒当作是一种休闲,一种"玩",既不是为了经济目的,减轻子女的家庭负担,也不是为了自由目的。在休闲逻辑下主动选择拾荒的个体实际上是把拾荒当作了一种生活方式,拾荒本身就是其生活目的。

个案一:LWC

问:那您在三个地方（沈阳、北京、上海）捡破烂,您发现在这三个地方捡破烂有什么不同吗?

答:没有什么不同,不过当时在沈阳赚钱多点,那铁重都卖铁多呗!在这个北京就是围绕啥呢? 两个儿子都在那,儿媳妇都在那,老板也在那,不管挣多挣少一月也挣个千把。

问:主要就是一家人都在一起?

答:哎,都在一起。第二个儿媳妇前年添个孙女,老伴过来了,我也过

---

① 休闲是人们通过社会与文化活动建构出来的一种日常活动方式。现代休闲概念与工业革命相联系,主要是通过"闲暇时间"来界定。魏克曼将闲暇界定为"在承担了工作责任,满足了像睡、吃、个人卫生这类最重要的人类基本生存条件之后所剩余的时间";《国际休闲宪章》指出,"休闲时间是一种自由时间,但在这个时间里,人们能够掌握作为人和作为社会的有意义的成员的价值";也有学者如葛拉齐亚指出有必要把休闲作为一种体验来界定。本研究正是在作为体验的休闲意义上使用这个概念的,它已成为一种日常生活方式。有关休闲的研究详见 R. W. Vickerman, "The New Leisure Society: An Economic Analysis", *Futures*, vol.12, no.3(1980), pp.191—200; Willmott Young, *The Symmetrical Family*, London:Routledge and Kegan Paul, 1973;徐明宏:《杭州——城市休闲方式的社会学分析》,南京:东南大学出版社,2007 年。

来了。

问:哦,在沈阳那边主要是为了赚钱的,到北京主要是想和家人在一块?

答:对! 对! 对!

问:到上海呢?

答:到上海不还是为了在一块吗? 小儿子跑车呢,我就顺便(捡破烂),可有二百米远(活动半径二百米左右),其他我哪都不去。

……

问:现在就相当于玩了?

答:哎,就是玩! 这就是锻炼身体……

个案二:YXY

问:那您怎么不在家里而要出来拾荒呢?

答:不爱闲着,就在这个地方女儿也不让干,有饭吃,就当锻炼身体。

问:那您就是把收破烂当作锻炼身体,就是不干这个活儿,儿子也会养活您的?

答:那对! 那对! 就是不干,儿子他也得管(养活)!

这里的两个个案向我们表明,拾荒者 LWC 与 YXY 代表了这样一类拾荒者,对于他们来说,拾荒本身就是目的,是一种"玩",一种生活方式,一种休闲;拾荒之外的经济利益、减轻子女的家庭负担、对自由的追求等,均不是他们的拾荒目的。因此,拾荒对于他们的意义在于拾荒之内,而不在于拾荒之外,注重的是拾荒的过程,而不是注重拾荒给他们带来了什么的结果。通过拾荒来休闲是遵循休闲逻辑的主动选择型拾荒者的目的之本。

在本研究中,主动选择型拾荒者选择拾荒的逻辑类型学基本上可以分为上述四种,即经济逻辑、减负逻辑、自由逻辑和休闲逻辑。其中,遵循经济逻辑的主动选择型拾荒者以中青年拾荒者居多,而遵循减负逻辑和休闲逻辑的主动选择型拾荒者以老年居多,遵循自由逻辑的主动选择型拾荒者最少。尽管主动选择型拾荒者遵循着不同的职业选择逻辑而进入到拾荒行业,但他们面临的外部环境是一样的,都遭受到来自他人对其拾荒者身份的强烈的社会歧视和偏见。那么,在不同逻辑运作下选择拾荒的主动选择型拾荒者在面临着他人对拾荒者身份的社会歧视和偏见时,是如何反应的呢? 换句话说,他们是如何抵抗他人对拾荒者身份的社会歧视和偏见的,从而继续保持拾荒者身份的? 这是我们接下来要探讨的问题。

二、建构自我认同的拾荒者身份

由于主动选择型拾荒者在选择拾荒者作为自己的身份时遵循了不同的逻辑,因此,他们在抵抗他人对自我拾荒者身份的社会歧视和偏见时所采用的行动策略以及动用的资源也表现出不同,但他们都试图建构自我认同的拾荒者身份。由于遵循的逻辑原则不同,因此他们在建构拾荒者自我身份的道德性和正当性时沿着不同的逻辑线索展开。

(一)经济逻辑下行动策略——经济利益最重要

对于依据经济逻辑行事的主动选择型拾荒者来说,他们关心的是拾荒带来的经济利益。在经济利益面前,他人对拾荒者身份的社会歧视和偏见变得相对次要。在这种经济逻辑的运作下,拾荒带来的经济利益为他们的拾荒者身份提供了道德性和正当性,从而建构了自我认同的拾荒者身份,进而有效地抵抗了他人对其拾荒者身份的社会歧视和偏见。

个案一:LQW

问:出去可以做瓦工啊,做小工啊,您为什么会想到要捡垃圾呢?

答:捡垃圾呢,比打工强("强"字拖音长,以示强调)! 这个呢,无止无休,不得赔本,这一家伙(一次)来巧了,一家伙(一次)来百十块钱。铁也是卖吧! 铜也是卖吧! 铝也是卖吧! 人家来卖的不知道啥铁啥钢啥价(卖破烂的只知道把破烂卖给收破烂的并不知道行情),俺收俺知道啥样的值钱,这比打工能挣钱!

……

问:您觉得您做这一行是好呢,还是不好? 是体面呢还是……

答:实际情况呢,说实话,就是不干净(拖音以示强调)! 脏! 没有上班的干净,对吧?

问:您就是觉得做这一行比较脏一点,但是自己能忍受,我能干。

答：哎！再脏，我能干！别人不能干！看你拾垃圾的，上海人看不起你！

……

问：那您生气吗？

答：那肯定生气，你嫌俺脏，你不脏？俺能挣着钱！你上班你要受人管，俺这个没人管没人问，对吧？随便自由！

……

问：那您对自己这一行是否满意？

答：很满意！

问：为什么满意呢？

答：能混（挣）钱啊！哈哈……穿得干净的没钱，脏的有钱！

个案 LQW 清晰地为我们展示了一个在经济逻辑运作下主动选择型拾荒者是如何抵抗他人对其拾荒者身份的社会歧视和偏见的。在他看来，拾荒比打工挣钱多，拾荒意味着无人管束、自由，拾荒能让他挣钱。对于他来说，拾荒的这些好处远远比他人的社会歧视和偏见，以及"穿得干净"更重要。因此，他很满意自己的行业，就是因为拾荒"能混钱"！这样，LQW 用经济利益为其拾荒者身份提供了道德性和正当性，进而建构了自我认同的拾荒者身份，经济利益成为他建构自我身份的资源。

个案二：WXJ

问：就是说穷人是人家看不起的？

答：对！穷，他妈的一个奶子（亲兄弟姐妹）都看不起我们！

……

问：就是说你们家在当地以前可能很多人以前都看不起你们，现在呢，现在是不是要好一点？

答：现在人家看起了！（高声地说）现在人家……你有钱啦！你捡垃圾有钱了，人家看你啦！哎！房子一盖好，人家看起你了！是这样的！

……

问：就是说您对这个直接捡垃圾的，好像是嫌弃他们脏？

答：脏也没有办法！脏有钱就行了！

……

问：您适合做这个？

答：我最适合这个（拾荒）的！（拖音）没有学问啊，到那个地方他妈的，都是能做！我干活也行，干活受管，我们干这个舒服啊……

个案 WXJ 再次向我们展示了在经济逻辑运作下主动选择型拾荒者是如何抵抗他人对其身份的社会歧视和偏见的，那就是拾荒带来的经济利益最重要，而且拾荒也确实给他带来了很多经济利益，自己从穷人变成了富人，盖起了房子，在当地有了"面子"。"脏有钱就行""我最适合这个（拾荒）的"充分表明了 WXJ 主动选择拾荒的经济逻辑，这种经济逻辑同样为其拾荒者身份提供了道德性和正当性，因而建构了自我认同的拾荒者身份，抵制了他人对其身份的社会歧视和偏见；同样，拾荒带来的经济利益成为 WXJ 建构自我身份的资源。

（二）减负逻辑下行动策略——能动就动

在减负逻辑的运作下，主动选择型拾荒者选择拾荒主要是为了减轻子女的家庭负担。对于他们而言，拾荒带来的经济利益以及这种利益的大小其实并不重要，重要的是他们在劳动，而且这种劳动表达了他们希望子女生活得更好的愿望。至于他们的劳动成果是否真正减轻了子女的家庭负担，在这里并不是最主要的。那么在减负逻辑运作下的主动选择型拾荒者是如何抵抗他人对其拾荒者身份的社会歧视和偏见的呢？

个案一：LFR

问：您是从什么时候开始想起捡垃圾的呢？

答：就是今年。今年我没有什么事情做，打工嘛，岁数大了，人家不要。回头我就自己找点事做做，搞什么吃的嘛，没有人都忙不行！

……

问：……就是您觉得这个行业吧，这个职业啊，您适不适合做？

……

答：反正……呵呵……也不是蛮适合，反正就这样，他们（家人）都不准我做，我也想做，就这样。

问：他们不让您做，（但）您也想做这个？

答:哎！他们说掉底子(丢人),我说这个不掉什么底子!

……

问:嗯,这是一个原因,还有没有其他原因呢?

答:他就说不会把你饿死的。我说不是饿死不饿死的问题,我讲我现在能动就动一点,赚一个是一个,你们轻松点,没有(钱)的时候再来找你们。

……

问:那我在想,您自己觉得这个不好,人家会看不起啊,丢面子啊,那您自己又怎么能说服您的儿子或者大叔他们,让他们相信做这个东西不丢面子呢?

答:我说我弄一分钱是一分钱,我为什么丢面子啊?

……

问:那就是说您之所以收废品,您的主要目的是什么?

答:主要目的就是弄点钱能用就行。我抱着这个态度,一不欠人家的! 第二就是减轻小孩的负担……

在个案 LFR 看来,拾荒并不丢脸面。相反,拾荒可以挣点钱,减轻子女的家庭负担。也恰恰是想通过拾荒来减轻子女的家庭负担,LFR 才主动选择了拾荒。在面对来自家人的社会歧视和偏见的时候,LFR 说"……弄一分钱是一分钱,我为什么丢面子啊?"而"能动就动一点,赚一个是一个,你们轻松点"的背后恰恰就是减负逻辑让她认为"我为什么丢面子啊?"于是一个在减负逻辑运作下的主动选择型拾荒者抵抗他人对其拾荒者身份的社会歧视和偏见的行动策略便被呈现出来,这就是父辈的"能动就动"可以减轻子女的家庭负担,而这里的"动"就是指拾荒。这实际上就是说因为拾荒可以减轻子女的家庭负担,所以拾荒不丢面子。这样,拾荒者身份就被"能动就动"的行动策略道德化和正当化,从而建构了自我认同的拾荒者身份。在这里,传统的养育文化成为自我身份建构的资源。

个案二:WHQ

问:您想他们(子女)?

答:呃! 想小孩可知道? 老了就这样的! 来了呢,我们也不能闲着吃啊,挣点钱生活维持啊,你不能光靠小孩呀! 小孩他都有小孩啊,老婆孩子一大家子。现在我们还干动啊,不能连累他们! 自劳自食! 真正干不动老了,他不会不给吃的! 现在我们还能干动呢,可知道? 连捡带收,就这样。碰到就捡一点,碰不到就收一点。

……

问:他们没叫您休息吗?

答:他们讲不要干了,那我可能在家待住闲着? 现在我能干动呀! 我真的七老八十的,干不动了,那我就没有办法了! 现在能干动,不想拖累他们!

……

问:您现在对捡垃圾这一行是否满意呢?

答:那不满意也没办法啊! 满意啊……

在减负逻辑下,个案 WHQ 对自己拾荒行业是满意的,换句话说,他对自己的拾荒者身份是认同的。而对这种身份的认同恰恰源自这样的事实——在他看来,自己的能力表明他只有通过拾荒的手段来实现减轻子女家庭负担的愿望。因此,在自己"能动就动"的行动策略下,拾荒为其减负逻辑的实现提供了途径和手段,于是在面对他人对其拾荒者身份的社会歧视和偏见的情况下,WHQ 却建构了对自我拾荒者身份的认同,从而有效地抵制了他人对其拾荒者身份的社会歧视和偏见。传统的养育文化同样也是 WHQ 的自我身份建构的资源。

(三) 自由逻辑下行动策略——更自由

在本研究中,在自由逻辑运作下的主动选择型拾荒者认为自由是自己最需要的,而这种自由在现有条件下只有拾荒行业才能提供。对于他们来说,拾荒带来的经济利益以及减轻家庭负担等功能并不是最主要的,最主要的是拾荒能让他们更自由,不受管制(约束)。

个案:LYX

问:自己怎么看待这一行的? 你觉得你做这行适不适合? 然后有没有觉得做这行自己能不能抹开面子? 觉不觉得丢脸?

答:我没感觉,呵呵……

问：你没感觉做这个丢脸是吧？

答：嗯，没感觉，不偷不抢，正当做生意！

问：嗯，正当做生意，你觉得这是社会最底层的？

答：是最底层的呀……

问：所以你觉得不丢脸？

答：嗯，不丢脸！

问：很适合你？

答：嗯，很适合！我喜欢跑啊，遛遛，还能赚到钱，做点生意，不偷不抢，不干违法的。

……

问：你现在对收垃圾这个行业是否满意？

答：很满意！

……

问：那你对自己家里的吃、喝、住啊……

答：我是满意，但是我……怎么说呢，我也想挣钱多，但是我感觉我就这个能力，比打工自由点，比打工赚钱，所以我很满意，很自由！

个案 LYX 在面对他人对拾荒者身份的社会歧视和偏见的时候，她认为拾荒者虽然身处社会的底层，但并不丢脸，并认为拾荒行业很适合自己，对这个行业很满意。正如她自己所说，她是一个"喜欢跑、遛遛"的人，而这就意味着自己能充分享有行动自由与人身自由，不受约束。进厂打工，做保姆等，都不能为她提供这样的自由，但拾荒却可以如此。正是在她看来的自由使得 LYX 对拾荒很满意，对自由的追求以及拾荒为实现自由提供的途径使得 LYX 的拾荒者身份得以道德化和正当化，从而建构了自己对拾荒者身份的认同。在这种自由面前，他人对拾荒者身份的社会歧视和偏见变得无关紧要。在这里，朴素的自由观就成为 LYX 建构自我身份的资源。

（四）休闲逻辑下行动策略——作为一种生活方式

在本研究中，依据休闲逻辑行事的主动选择型拾荒者以老人居多。这些老人本可以在家安度晚年，但他们却从事着遭受他人强烈社会歧视和偏见的拾荒行业。那么他们面对这些社会歧视和偏见时，又是如何建构自我认同的拾荒者身份呢？

个案一:LWC

问:您现在对做这个收破烂可满意?

答:满意,你又咋不满意呢? 有了年纪了就满意嘛,哈哈……干干妥了(就行了)。我准备就是不干了,家里有几亩地来,有孙女都在家里来,回家种一种,跟老伴在一起,有年纪了,晚年了生活在一起,奔奔波波地都不在一起……

问:那您现在对家里的生活状况可满意啊? 比如说经济条件啊……

答:经济条件满意啊! 说是个百万富翁是可以的,连我两个儿子带我,他两个大车就八十多万了,买两个大车就八十多万了,大儿子有小车(轿车)。

问:那您还做这个啊?

答:就是不让干了嘛,呵呵……

问:您就是把这个当做玩?

答:嗯,晚年我就是玩了。

……

问:……您觉得收破烂最大困难是什么?

答:现在就没有困难了,那有啥困难呢? 你挣多挣少都行,所以就没有困难了。

个案二:YXY

问:那您来上海来是想干什么呢?

答:本来就是想干这个(拾荒)。

问:那您在老家听说有人做这个?

答:听说,听说呀,安徽人在这收垃圾的很多。你打工吧,年龄大了。

问:但是又不想闲着?

答:不想闲着,闲着没啥意思。

……

问:那他们有没有反对您(拾荒)?

答:那他们一直就不想让我做,让我回老家。

……

问：您有没有想过是他们觉得您在捡垃圾给他们丢脸？

答：不是丢脸，总而言之是老了，不想让干了，在家玩。

……

问：您怎么看您收垃圾这一行的？

答：反正干这一行的多了……比较适合自己，你也可以干，也可以不干，像我们这个年龄段就是这样……

在个案一中，我们看到 LWC 的家庭经济生活状况相当好，但就是在这样的家庭环境下，他还从事受人歧视和偏见的拾荒行业，这在常人看来不可想象。然而正如他自己所说，拾荒被他当做是"玩"，作为一种生活方式，作为一种休闲。在个案二中，YXY 也是因为"不想闲着"而主动选择了拾荒。上述两个个案向我们表明，在休闲逻辑运作下的主动选择型拾荒者并不关注拾荒带来的经济利益、减轻子女家庭负担以及对自由的追求等，在面对他人对其拾荒者身份的社会歧视和偏见时，他们把拾荒生活方式化、休闲化。这样一来，生活方式化和休闲化的拾荒本身就是这类主动选择型拾荒者的目的。将拾荒生活方式化和休闲化的行动策略切断了人们在拾荒与拾荒者身份和对拾荒者的社会歧视和偏见之间的联系，一方面有效地抵抗了他人对其拾荒者身份的社会歧视和偏见，另一方面建构了拾荒者身份的道德性和正当性，从而建构了自我认同的拾荒者身份。在此，我们发现休闲观就成为他们建构自我身份的资源。

第四节　过渡型拾荒者的行动逻辑

前面我们分析了被动选择型拾荒者与主动选择型拾荒者在面对来自他人对其拾荒者身份的强烈社会歧视和偏见时，如何利用资源、行动策略以及身份建构机制来建构自我身份进行抵抗从而维持了自己的拾荒者身份。在本节内容中，我们将继续探讨第三种类型拾荒者即过渡型拾荒者在此情境下又是如何利用资源、行动策略以及身份建构机制抵抗他人对其拾荒者身份的社会歧视和偏见，从而维持拾荒者身份的。在本研究访谈的三十七位拾荒者中，属于过渡型拾荒者的只有一位。虽然个案数目较少，但从其自身的特点来看，足以自成一类。这种将其与另外两种类型拾荒者区分开来的重要特点就是其拾荒的过渡性质，拾荒本身不是其目的,拾荒带来的各种利益①也不是其所追求的,拾荒只是一种实现其他目的之手段。总之,过渡型拾荒者将拾荒视作一种过渡性质的手段性应用工具。

由于过渡型拾荒者将拾荒视作权宜之计,视作一种过渡性质的手段性应用工具,因此,他在面对他人对其拾荒者身份的社会歧视和偏见时,采用了不同的行动策略和资源来建构自我身份。在本研究中,我们发现过渡型拾荒者同时采用了三种行动策略建构自我身份以抵抗他人对其拾荒者身份的社会歧视和偏见:隐瞒身份、建构自我认同的拾荒者身份与寻求另种身份。这三种行动策略的应用与其将拾荒视作一种过渡性质的手段性应用工具的动机有关。

一、隐瞒拾荒者身份

为了避免遭受他人对自己拾荒者身份的社会歧视和偏见,过渡型拾荒者通过隐瞒身份来达此目的。

个案:LSC

问:您愿意主动跟别人说您是捡垃圾的吗,如果我们是第一次见面?

答:如果是熟人的话,我不会说!

问:为什么不说呢?

答:丢脸呀!

问:如果是生人的话呢?

答:那我就说……

……

问:那您为什么会告诉陌生人呢?

答:那人家不知道我是干什么的呀!

个案 LSC 之所以不告诉熟人自己的拾荒者身份是因为怕丢脸,这与中国是个熟人社会、面子社会的性质有关,同时,也与他人对拾荒者身份持有社会歧视和偏见有关。因此,在熟人社会、面子社会中,为了保住面

---

① 这里的利益是在泛指的意义上来说的,不仅仅包括经济利益等。

子,隐瞒自己不体面的身份至关重要。LSC恰恰就是遵循了这种面子逻辑来隐瞒身份的。①在这里,身份建构表现为对身份公开与否的支配权,因为在陌生人与熟人对个人意义差别重大的社会中,这种对身份公开与否的支配权就成为一种重要的资源,而个案LSC能够在面对陌生人和熟人时能应对自如,恰恰是因为他对这种支配权的占有。

二、赋予拾荒者身份积极社会意义

他人之所以对拾荒与拾荒者身份持有强烈的社会歧视和偏见,就是因为人们常常把拾荒与拾荒者同脏、危险、偷盗、疾病、低下、无序等消极社会意义联系在一起。为了抵抗他人对拾荒者身份的社会歧视和偏见,过渡型拾荒者行动策略之一就是赋予拾荒者身份以积极社会意义,从而将自我身份道德化与正当化以建构自我认同的拾荒者身份。

个案:LSC

问:如果是生人的话(问您是做什么的)呢?

答:那我就说!自己干的这行实际上不丢人!一个捡,一个买,又不偷,又不摸,是吧?这个有什么丢(脸)的?

由于中国是个熟人社会、面子社会,因此在面对熟人的时候,个案LSC通过隐瞒身份来避免他人对自己拾荒者身份的社会歧视和偏见。但在面对陌生人的时候,他采取了另一种行动策略,即公开拾荒者身份并赋予拾荒者身份以积极社会意义,来建构自我认同的拾荒者身份,从而来抵抗他人对其拾荒者身份的社会歧视和偏见。在这里,积极的社会意义也成为过渡型拾荒者自我身份建构的重要资源。

三、寻求另种身份

过渡型拾荒者对另种身份的寻求是抵抗他人对其拾荒者身份的社会歧视和偏见的主要行动策略。也正是因为寻求另种身份是过渡型拾荒者

---

① 有关中国熟人社会中面子文化的研究,详见翟学伟:《人情、面子与权力的再生产》,北京:北京大学出版社,2005年。

的主要目的,所以他们才将拾荒视作一种权宜之计,是实现另种身份建构的工具。

个案:LSC

问:当时有没有想过说您不适合干这一行(拾荒)的?

答:有这想法,也想这不是个长法……

……

问:总的来说,您觉得这一行是丢人的?

答:嗯,丢人!

……

问:那您自己为什么会有这种(拾荒被人瞧不起)感觉呢?

答:我从小不是干这个的人啊!

……

问:那您现在对捡破烂这个职业是否满意呢?

答:不满意!

问:为什么?

答:不满意……怎么说呢,就是不满意!

……

问:如果有更好的工作,您是否愿意转行呢?

答:肯定的!

……

问:如果同时有两份工作,一份是医生工作,一份是捡垃圾,但捡垃圾工资比做医生高,您愿意做哪份工作?

答:我还是做医生!

……

问:好,最后一个问题啊,您谈一谈今后的打算。

答:今后打算就是仍是收这个破烂,赚个一、两千块钱我就改行了。

……

问:为什么改行呢?

答:这行不适合我!

问:想改成哪一行?

答:我还是想做那个(做医生)!

这段话向我们清楚地表明,个案 LSC 将拾荒视作是一种权宜之计,即他所说的"这不是个长法"。他拾荒的真正目的是想通过拾荒,"赚个一两千块钱我就改行了"。改行做什么呢?"我还是想做那个(医生)!"由此可见,拾荒是为了重新做医生,因此拾荒者身份的维持也只是为了重建医生身份的手段罢了。在医生身份和拾荒者身份之间,明显地存在着社会地位的差异,正是这种差异的存在,使得 LSC 认为以遭受他人社会歧视和偏见的拾荒行业为手段,来寻求医生身份的建构是值得的。基于这样的认知,LSC 通过寻求更高社会地位的医生身份的建构为目的,赋予了作为实现该目的之手段的拾荒与拾荒者身份以道德性和正当性,从而有效地抵抗了他人对其拾荒者身份的社会歧视和偏见,继续维持着拾荒者身份。于是我们发现,身份资源同样也是过渡型拾荒者用于建构自我身份的重要资源之一。

本 章 小 结

在本章中,我们按照被动选择型拾荒者、主动选择型拾荒者和过渡型拾荒者的叙述结构,依次分析了三种不同类型的拾荒者在面对来自他人对其拾荒者身份强烈的社会歧视和偏见的情况下,拾荒者自身是如何应对的,他们是如何建构自我认同的拾荒者身份的,抑或是通过何种方式主观上消解了这种社会歧视和偏见,从而使自己继续维持着拾荒者的身份。我们主要分析了他们在日常生活中面对的情境化的社会歧视和偏见,动用何种资源,通过何种行动策略与身份建构机制来抵抗他人对其拾荒者身份的社会歧视和偏见的。

不论出于何种动机进入拾荒行业而具有拾荒者身份的人,都面临着同样的外部环境,即他人对拾荒者身份的社会歧视和偏见。这种社会歧视和偏见主要有两种:语言化社会歧视和偏见与行为化社会歧视和偏见。所谓语言化社会歧视和偏见指以言说的方式表达社会歧视和偏见,言说本身就是生产和再生产社会歧视和偏见的过程。所谓行为化社会歧视和偏见是指以行为、动作的方式表达社会歧视和偏见,行为本身就是生产和再生产社会歧视和偏见的过程。需要指出的是,语言化社会歧视和偏见与行为化社会歧视和偏见不是截然分开的,二者是相互强化的。生产和再生产语言化社会歧视和偏见的过程往往就是生产和再生产行为化社会歧视和偏见的过程。我们之所以在这里将二者区分,只是强调对拾荒者身份的社会歧视和偏见的生产和再生产媒介的不同,一是通过语言符号,一是通过行为举止。

在面对他人对其拾荒者身份的社会歧视和偏见时,被动选择型拾荒者通常采用两种方式予以抵抗:建构自我认同的拾荒者身份与寻求另种身份。在建构自我认同的拾荒者身份时,被动选择型拾荒者会运用赋予拾荒者身份以积极社会意义、改变自身形象以及与他者比较等行动策略来实现。在实施与他者比较的行动策略时,被动选择型拾荒者会运用年龄比较机制与行业比较机制等。被动选择型拾荒者在寻求另种身份时,这种身份比拾荒者身份要体面。换句话说,就是拾荒者身份给拾荒者带来的"卑微感"被另一种身份带来的"荣耀感"所替代或补偿。通过这些行动策略和资源的利用,被动选择型拾荒者将自我拾荒者身份道德化与正当化,从而建构了自我身份认同,有效地抵抗了他人对其拾荒者身份的社会歧视和偏见。

在面对他人对其拾荒者身份的社会歧视和偏见时,主动选择型拾荒者根据四种逻辑采取了不同的行动策略予以抵抗,这四种逻辑分别:1.经济逻辑下的经济利益最重要行动策略,在这种逻辑运作下,他人对拾荒者身份的社会歧视和偏见变得相对次要,而拾荒带来的经济利益为他们的拾荒者身份提供了道德性和正当性,从而建构了自我认同的拾荒者身份,进而有效地抵抗了他人对其拾荒者身份的社会歧视和偏见。2.减负逻辑下的"能动就动"行动策略,在减负逻辑的运作下,拾荒带来的经济利益以及这种利益的大小其实并不重要,重要的是他们在劳动,而且这种劳动表达了他们希望子女生活得更好的愿望。这样,拾荒者身份就被"能动就动"的行动策略道德化和正当化,从而建构了自我认同的拾荒者身份。3.自由逻辑下的"更自由"行动策略,在自由逻辑运作下,主动选择型拾荒者认为自由是自己最需要的,而这种自由只有拾荒行业才能提供。拾荒能够让自己更加自由使得拾荒者身份被道德化和正当化,从而建构了自我认同的拾荒者身份。4.休闲逻辑下作为生活方式行动策略,在休闲逻辑下,生活方式化和休闲化的拾荒本身就是这类主动选择型拾荒者的目的。将拾荒生活方式化和休闲化的行动策略切断了人们在拾荒与拾荒者和对拾荒者的社会歧视和偏见之间的联系,一方面有效地抵抗了他人对其拾荒者身份的社会歧视和偏见,另一方面建构了拾荒者身份的道德性和正当性,从而建构了自我认同的拾荒者身份。

在面对他人对其拾荒者身份的社会歧视和偏见时,过渡型拾荒者应用隐瞒拾荒者身份、赋予拾荒者身份积极社会意义以及寻求另种身份等行动策略予以抵抗。由于中国社会是熟人社会、面子社会,以及既有的他人对拾荒者身份的社会歧视和偏见,过渡型拾荒者在面对熟人时采用了隐瞒身份的行动策略,从而有效地避免了他人对其拾荒者身份的社会歧视和偏见。在面对陌生人时,过渡型拾荒者采用赋予拾荒者身份以积极社会意义的行动策略将自我身份道德化与正当化,建构自我认同的拾荒者身份,来抵抗他人对其身份的社会歧视和偏见。寻求另种身份建构的行动策略是过渡型拾荒者抵抗他人对其拾荒者身份的社会歧视和偏见的主要行动策略,该策略将拾荒者身份工具化、手段化以及暂时化,由于对更高社会地位的身份建构使得工具化与暂时化的拾荒者身份得以道德化与正当化,从而有效地抵抗了他人对其拾荒者身份的社会歧视和偏见。

在抵抗他人对其拾荒者身份的社会歧视和偏见的时候,不同类型的拾荒者用于建构自我身份的资源主要有积极的社会意义、通过比较获得的相对优越感、更高社会地位的身份、经济利益、传统养育文化、自由观、休闲观等。此外,三种类型的拾荒者在建构自我身份时在可资利用的资源、行动策略以及身份建构机制上具有某种程度的相似性。

第五章　矛盾性身份何以可能

在本研究中,笔者共计访谈了三十七位拾荒者。根据拾荒动机的不同,我们将拾荒者分为三种类型:被动选择型拾荒者、主动选择型拾荒者与过渡型拾荒者。在第三章中,我们分析了在面对来自他人对自己拾荒者身份持有强烈的社会歧视和偏见时,三种类型拾荒者对自我身份的认知图式是怎样的构造;在第四章中,我们分析了在面对来自他人对自己拾荒者身份持有强烈的社会歧视和偏见时,三种类型的拾荒者是如何建构自我身份以抵抗他人对其身份的社会歧视和偏见。通过研究我们发现,不论是在被动选择型拾荒者群体、主动选择型拾荒者群体还是过渡型拾荒者中,他们当中部分拾荒者表现出一种共同的现象,这就是虽然他们是拾荒者,具有拾荒者身份,但他们并不认同这种身份,而且自己又继续建构或维持这种拾荒者身份,这种现象可以被概括性地表述为身份主体不认同自我身份,但又继续建构或维持该身份的状态。格罗塞在《身份认同的困境》一书中深入讨论了集体层次上身份认同的困境,认为集体身份认同一方面加强了群体内部的团结,另一方面又增加了群体间冲突。[1]同样的身份认同困境也出现在阿马蒂亚·森的笔下,"身份认同可以杀人——甚至是肆无忌惮地杀人。很多情况下,一种强烈的——也是排他性的——群体归属感往往可以造就对其他群体的疏远与背离。"[2]而本研究讨论的这种身份现象或许可被称为身份认同的另一种困境,但我们是在个体层次上予以讨论的,而且关注点也不相同。[3]实际上,在社会中存

---

① ［法］阿尔弗雷德·格罗塞:《身份认同的困境》,王琨译,北京:社会科学文献出版社,2010年。

② ［印］阿马蒂亚·森:《身份与暴力——命运的幻象》,李风华、陈昌升、袁德良译,北京:中国人民大学出版社,2009年,第2页。

③ 格罗塞和森所关注的是集体身份认同与群体间冲突的关系,而在本研究中,我们关注的是身份主体与身份之间的关系。之所以从个体层次上研究矛盾性身份现象,目的在于揭示矛盾性身份的微观社会基础,进而为探讨其宏观社会基础创造条件。

在着很多身份主体不认同自我身份但又继续建构或维持该身份的情况,拾荒者只是其中的一个缩影而已。然而,在已有关于身份的研究[①]中,这种情况或者被称为身份主体与身份的非统一性并没有得到应有的关注。在本章中,我们将通过对拾荒者的分析,对此种情形给予深入的解读。

第一节　矛盾性身份的界定及其特征

在理想的状态下,具有身份的社会人认同自我身份,是每个人意欲追求的。认同理论认为认同是连接社会结构和个人行动的关键概念,因而通过研究认同可以预测行为,因为凭借自我界定,角色认同本身就暗含了行动。[②]社会认同理论认为通过社会身份的认同和建构,人们不仅可以提高自尊,而且还可以减低无常感或提高认知安全感,满足归属感与个性的需要,消除人们对死亡的恐惧,找到存在的意义等。[③]也正是在这些理论的指导下,在以往关于身份的研究中,大多数研究都集中关注于某种身份的获得与身份认同的建构等主题,几乎都在致力于探索"身份主体——身份"的统一性,即致力于探索身份主体如何认同自己的身份或如何建构自我认同的身份,而对身份主体与身份之间的非统一性关注不多。然而在现实中,存在着大量的身份主体不认同自我身份的现象,这是普遍的社会事实。本节内容将对身份主体与身份的非统一性状态下的身份予以概念化,并分析其主要特征。

---

① 不论是社会学取向的认同理论还是心理学取向的社会认同理论,以及已有的相关经验研究,研究的重点基本聚焦于身份/认同的建构过程及其对个人和群体的社会行为的解释上,而这些研究实际上都隐含着"身份主体与身份"的统一性预设。换言之,已有研究认为身份主体和身份是必然统一的,因此他们研究二者如何统一的问题。但对身份主体与身份之间非统一性缺少关注,而这成为本研究所要重点探讨的问题。有关认同/身份研究的进展情况详见吴小勇、黄希庭、毕重增、苟娜:《身份及其相关研究进展》,《西南大学学报(社会科学版)》2008年第5期;周晓虹:《认同理论:社会学与心理学的分析路径》,《社会科学》2008年第4期。

② 周晓虹:《认同理论:社会学与心理学的分析路径》,《社会科学》2008年第4期,第48页。

③ 赵志裕、温静、谭俭邦:《社会认同的基本心理历程——香港回归中国的研究范例》,《社会学研究》2005年第5期,第206—214页。

一、矛盾性身份的界定——由三个个案说开去

在明确地界定矛盾性身份之前,让我们先来看三个个案,具体呈现出在拾荒者群体中,身份主体与身份之间的非统一性事实的存在。需要指出的是,如下选择的三个个案分别来自被动选择型拾荒者、主动选择型拾荒者与过渡型拾荒者。

个案一:ZCC

问:哦,您现在的主要收入是什么?

答:我什么收入也没有。本来讲拿低保了,我现在妈的没有房子,户口还搁在我那个表哥家里也没有报上,我现在就收收破烂了什么的,维持生活。

……

问:有没有其他的收入来源?

答:没有!没有!什么也没有!

……

问:那您为什么要说自己是江苏的呢?有没有人问过您?就您在卖的时候,有没有人问过您?

答:也问过我,我讲上海人丢人嘛!做人嘛,一样的道理,呵呵……

……

问:那您会不会偶尔经过那里(受访者原先的住处)啊?

答:经过呢,有个把(邻居)也见过,他喊我也不睬他,我走掉了。我不是丢人嘛,现在弄成这样子。他喊嘛就走掉算了,也不讲话。

……

问:那您现在对自己做这一行是否满意呢?

答:满意啊?这有什么满意的?!没办法啊!这叫没办法,这个谁满意啊?

……

问:咱也提到了您收破烂的时候不说上海话,说江苏话,一个原因是您本身就不大会说上海话,第二个是不是不想因为自己的口音把自己上海人的身份暴露出来?

答:嗯,有的。有些人会讲你的,你上海人混得捡垃圾了,人家会讲你的,懂吗?

问:您是不是以前在收的时候讲过本地话人家讲过您?

答:这没有,有的人知道的说过。我有一次在火车站骑车子捡垃圾,碰到我原来单位的一个女同事,她把我喊住说:"ZCC,你怎么捡垃圾了?你怎么混得捡垃圾了?"我说:"你认错人了,我不是那个人。"我把人家给回掉了。我不说我是那个人,丢人呐!

个案二:ZZX

问:您这个家庭啊,像您这一家主要的经济收入是什么?

答:就是这个(收废品)!

问:就是……

答:就是拾荒!

……

问:那您还干过什么事呢? 开过车以后呢?

答:开过车后,我就受气(因交警乱罚款),我开始拾荒!

……

问:您觉得这个行业是适合您还是不适合您? 还是您喜欢做的……

答:我啊,我不喜欢这个行业! 我没有办法! 哪个喜欢干这的? 谁要是有好的工作,好的路子,谁干这个?

个案三:LSC

问:您这个属于收破烂对吧?

答:哎,收破烂,连收带捡。

问:主要以什么为主?

答:主要收!

问:有没有其他收入来源?

答:没有!

……

问:那捡也是挣钱,收也是挣钱啊?

答:捡也怪下贱,其实收也怪下贱的! 生怕遇到熟人!

……

　　问：当时有没有想过说您不适合干这一行的？

　　答：有这想法，也想这不是个长法……

……

　　问：那您自己为什么会有这种感觉（拾荒被人瞧不起）呢？

　　答：我从小不是干这个的人啊！

　　在个案一中，ZCC 因为生活所迫不得不从事拾荒，拾荒成为其唯一的生活来源，是典型的被动选择型拾荒者，具有拾荒者身份。即便拾荒对 ZCC 来说如此重要，但他却并不认同自己的拾荒者身份，他认为拾荒令他丢人。正因为他认为拾荒丢人，所以他才会对自己从事拾荒行业不满意，才会不理睬曾经的邻居和同事，一句话，他不认同自己的拾荒者身份。在这里，我们看到身份主体与身份之间的非统一性状态。在个案二中，因为不愿意受气于交警的乱罚行为，ZZX 主动选择了拾荒，认为拾荒不会让自己受气，比较自由，并且拾荒成为其主要收入来源；同样地，他也具有了拾荒者身份。但是，他告诉我们："我不喜欢这个行业！"这充分说明 ZZX 并不认同自己的拾荒者身份，因而在身份主体与身份之间的非统一性状态再次出现。在个案三中，LSC 曾是一位医生，但因疫苗药品事件，致使自己失去工作并成为一位拾荒者，因而具有拾荒者身份。不过对于他来说，拾荒只是一种权宜之计，一种过渡性质的手段，因此拾荒者身份对于他来说也只是一种过渡性质的身份。但即便如此，他也不认同自己的拾荒者身份，正如他那句"我从小不是干这个的人啊"所呈现出的身份主体与身份之间非统一性状态。

　　于是我们发现，上述个案均呈现出身份主体与身份之间非统一性状态，而这种非统一性状态的存在恰恰是以身份主体不认同自我身份为前提的，我们可以称身份主体不认同自我身份的状态为身份认同缺失。这样，上述的身份主体与身份之间的非统一性状态可以表示为"身份主体——身份认同缺失——身份"。但我们还需指出，身份主体不认同自我身份只是矛盾性身份概念化的必要条件之一，其另一必要条件是身份主体在不认同自我身份的条件下继续建构或维持该身份。进一步地，在身份相对于该身份主体的关系中，我们将"身份主体——身份认同缺失——身份"中的身份在身份主体继续建构或维持该身份的条件下概念化为矛盾性身份。①具体说来矛盾性身份概念具有如下本质要素:第一,它涉及的是身份主体与身份的关系;第二,身份主体不认同该身份;第三,身份主体又继续建构或维持该身份,无论出于何种原因;第四,它是在与身份主体的关系中形成与维持的。

二、矛盾性身份的特征

由于矛盾性身份概念是在"身份主体——身份认同缺失——身份"的框架下被概念化的,因此,它涉及彼此联系的三个方面,即身份主体、身份与身份认同。当身份主体认同自我身份时,就出现了所谓的"人身合一";②当身份主体没有认同自我身份时,就出现了所谓的"人身分离"。由此可见,在身份主体与身份之间,是身份认同将二者关联起来。正是这种身份认同的存在与否决定了身份主体与身份之间统一性状态。矛盾性身份概念直指当身份认同缺失时且身份主体又继续建构或维持该身份时,身份相对于身份主体的存在状态。从中我们可以发现矛盾性身份具有如下特征:矛盾性、主体性与动态性。

(一)矛盾性

矛盾性是矛盾性身份的基本特征之一,我们可以从矛盾性身份的主观与客观两个方面来剖析这种矛盾性的意涵。从矛盾性身份的主观方面来看,矛盾性身份涉及身份主体对身份的认同,对身份认同与否属于身份主体的主观内容。对于矛盾性身份来说,身份主体对身份的认同是缺失的,这是矛盾性身份形成的必要条件。如果身份主体认同自我身份,那么这种身份就不可能被称为矛盾性身份。从矛盾性身份的客观方面来看,虽然身份主体对自我身份的认同是缺失的,并且在身份主体、身份与身份认同之间没有形成统一体,在身份主体与身份之间的关联被阻断,但事实上身份主体确实具有该身份,并且由于种种因素的影响,身份主体又继续

---

① 关于矛盾性身份概念,在前文已有交代,该概念的提出受美国社会学家埃里克·欧林·赖特的"阶级关系中矛盾的地位"概念的启发。详见[美]埃里克·欧林·赖特:《阶级》,刘磊、吕梁山译,北京:高等教育出版社,2006年,第46—52、124—127页;吕梁山:《赖特的阶级理论研究》,北京:中共中央党校出版社,2007年,第28—37页。另外,矛盾性身份概念与"自我的他性"不同,后者是流心在《自我的他性——当代中国的自我系谱》一书中提出的,指随着人们改换职业而带来的人格上的断裂。详见[美]流心:《自我的他性——当代中国的自我系谱》,常姝译,上海:上海人民出版社,2005年。

② 这里的"人"指身份主体,"身"指身份。

建构或维持该身份。简要地说,从矛盾性身份的主观方面来看,身份主体不认同自我身份,从矛盾性身份的客观方面来看,身份主体又继续持有该身份,因此,矛盾性身份的矛盾性特征就被揭示出来了,就是"不认同身份"和"继续持有身份"之间的矛盾。为了进一步让矛盾性身份的矛盾性特征得以明晰化,我们仍旧以前面分析的个案为例,从矛盾性身份的主观和客观两个方面展开分析。从矛盾性身份的客观方面来看,在个案一中,ZCC 的生活来源、生产工具、劳动产品、社会交往等所有生存条件都客观地表明他是一个拾荒者,具有拾荒者身份。不管 ZCC 是否认为自己是一个拾荒者,但他的拾荒者身份是一种社会事实,并且因为种种原因,ZCC 又继续维持这种身份,这是拾荒者身份的客观性方面。必须注意,此时的拾荒者身份还没有构成矛盾性身份,我们只看到了 ZCC 拾荒者身份的客观性内容。从矛盾性身份的主观方面来看,作为身份主体的 ZCC 并没有认同自己的拾荒者身份,他认为拾荒丢人,自己对拾荒不满意。这种对自我身份的认同与否属于矛盾性身份的主观内容,当然依据矛盾性身份的概念,身份主体是不认同自我身份的。至此,矛盾性身份的矛盾性就被呈现出来了,一方面 ZCC 具有客观性的拾荒者身份而且将继续维持该身份,另一方面他又在主观上对自我拾荒者身份不予以认同,这就是矛盾性身份的矛盾性特征。

（二）主体性

主体性是矛盾性身份的另一基本特征。这里的主体性是指矛盾性身份相对于身份主体来说的,就是说,一种身份是否是矛盾性身份,是指向于一定的身份主体的。如果脱离了身份主体,矛盾性身份也就不复存在了。因此,矛盾性身份必然地与特定的身份主体相联系,只有在与身份主体的联系中,矛盾性身份才能成为可能。此外,矛盾性身份的主体性还有另一层含义,就是关涉到身份主体对身份的认知,不同的身份主体对身份的认知是不同的,而是否认同自我身份是身份主体对身份的认知结果。沿着分析矛盾性身份的矛盾性特征的思路,我们以前面分析的个案为例,进一步明晰矛盾性身份的主体性特征。在个案二中,ZZX 曾是一名司机,但是由于忍受不了交警的乱罚行为,他主动选择了拾荒,认为拾荒不会让人受气,也比较自由,于是拾荒成为其家庭的主要收入来源,自己成为一个拾荒者,具有拾荒者身份。然而,ZZX 并不喜欢拾荒,认为自己是没有出路才从事拾荒的,可见他并不认同自己的拾荒者身份,但他又继续拾荒,因为拾荒是其主要的收入来源。至此,相对于身份主体的 ZZX 来说,他的拾荒者身份已经成为矛盾性身份了。但是他的拾荒者身份之所以能成为矛盾性身份恰恰是在与身份主体 ZZX 的关联中才成为可能的,如果没有身份主体 ZZX 的存在,那么拾荒者身份就不可能成为矛盾性身份。这是矛盾性身份主体性特征的一层含义。进一步分析我们可以发现,尽管在与身份主体的关联中,矛盾性身份才成为可能,但只是可能而已。正如在个案二中那样,在与身份主体 ZZX 的关联中,其拾荒者身份可能成为矛盾性身份。但根据矛盾性身份的界定,只有在身份主体对其自我身份的认同缺失时,矛盾性身份才得以形成。如果身份主体 ZZX 认同了自我拾荒者身份,那么他的拾荒者身份就只能是拾荒者身份而已,这是身份主体 ZZX 对其自我拾荒者身份的认知结果之一种可能。如果身份主体 ZZX 并没有认同其自我拾荒者身份,这是身份主体 ZZX 对其自我拾荒者身份的认知结果之另一种可能。只有在身份主体 ZZX 不认同自我拾荒者身份时,对他而言,拾荒者身份才会成为矛盾性身份。因此,身份主体对自我身份的认同与否是矛盾性身份的主体性特征之另一层含义。

(三)动态性

动态性是矛盾性身份的第三个基本特征。需要指出的是,这里的动态性并不是否定矛盾性身份的相对稳定性,而是指矛盾性身份转化的可能性。根据矛盾性身份的界定,我们知道它涉及三个方面的内容,身份主体、身份与身份认同缺失,而且只有在身份主体不认同自我身份并且又继续建构或维持该身份时,相对于身份主体而言,此时的身份才成为矛盾性身份。因此,当一种身份相对于特定的身份主体构成矛盾性身份时,矛盾性身份的变迁取决于身份主体对身份的取舍以及身份主体对身份认同与否。具体来说,当一种矛盾性身份形成以后,有两个方面的变化能够引起矛盾性身份的变迁:一方面的变化是身份主体是否继续建构或维持该身份,如果身份主体终止建构或维持该身份,那么矛盾性身份随之被终止,从而引起矛盾性身份的变迁;另一方面的变化来自身份主体对该身份的认同变化,如果身份主体对于该身份不予认同,那么矛盾性身份依然存在;如果身份主体对该身份的认同状态从不认同转变为认同,那么就达到了"人身合一"状态,换言之,矛盾性身份被消解了,从而引起了矛盾性身份的变迁。因此,这里的动态性基本特征主要是指矛盾性身份"从有到无"的过程,而其"从无到有"的过程不在此讨论之列。在下一节里,我们将讨论矛盾性身份"从无到有"的形成过程。

上述矛盾性身份的三个基本特征描述和揭示了身份主体、身份与身份认同缺失三者之间的互动关系,缺少其中的任何一者,矛盾性身份就不可能形成。矛盾性身份的稳定性取决于三者之间互动的结果,因此,矛盾性身份具有一种动态的平衡结构。在这种动态的平衡结构中,矛盾性身份变迁的动力来自矛盾性身份的矛盾性力量形成的内在张力。

第二节　矛盾性身份的形成

在上节中,通过对三个拾荒者个案的分析,我们界定了矛盾性身份概念,并具体论述了矛盾性身份的基本特征。身份主体、身份与身份认同缺失是构成矛盾性身份概念的关键因素,矛盾性、主体性与动态性是矛盾性身份的基本特征。在本节中,我们将以拾荒者为研究对象,继续分析矛盾性身份的形成机制。根据矛盾性身份的概念,相对于身份主体来说,身份在身份主体不认同自我身份但又继续建构或维持该身份时,这种身份就是一种矛盾性身份。从这个界定中我们可以看出,一种身份要成为矛盾性身份必须在两种机制同时运作时才能成为可能,一种机制必须确保身份主体对于自我身份不予认同,我们可以称之为认同缺失机制,另一种机制必须确保身份主体需要继续建构或维持该身份,我们可以称之为身份延续机制。正是在这两种机制的运作下,矛盾性身份才能形成。下面,我们将以拾荒者为例,具体分析两种机制的运作过程。

一、认同缺失——在身份与身份主体之间

由前面的分析,我们得知一种身份若能成为一种矛盾性身份,必须满足这样的条件,即身份主体对自我身份不予认同,或可称之为身份认同缺失。为了达到身份主体不认同自我身份的结果必须有一个运作机制来实现,这就是所谓的认同缺失机制。在认同缺失机制的运作下,身份主体不认同自我身份的状态才能得以生成和保持,从而才能为某种身份转化为矛盾性身份创造了必要条件。那么,在具有矛盾性身份的拾荒者群体,这种认同缺失机制是如何运作的呢?也就是说,需要分析认同缺失机制的运作是如何导致身份主体对自我身份不予以认同的。

（一）他人贬低

所谓的他人贬低是指身份主体所属群体以外的群体或组织成员对该身份的身份贬低。对拾荒者而言，日常生活中的语言与行为等生产和再生产的社会歧视和偏见，将拾荒者身份与肮脏、丢脸、下贱、没有文化、危险、盗窃、无能、非法、无序等消极社会意义相关联，而拾荒者默认了来自他人的身份贬低，进而对自我拾荒者身份不予认同，导致身份认同缺失。

个案：LYK

问：那您的家庭主要收入是……

答：就是靠这个嘛，儿子他们都是自己挣点钱。

……

问：您有没有其他的收入？

答：没有！就是没有！有（其他收入）我们才不干这个！

……

问：您觉得您做这一行有没有给自己丢面子？

答：那考虑不到，要考虑能捡到东西能赚到钱就行了。我反正不偷人家的，不拿人家的，这一条是肯定的，别的我怕什么？我不偷不拿我捡垃圾怕什么？我们是这样想的。

问：自食其力，遵纪守法，不偷不抢，是吧？

答：哎，对！

问：您的家人呢？比如说像大婶她支持您做这一行吗？

答：她必须要跟我干这个，要生活啦！没有钱就没有办法生活！

……

问：那您的孩子呢？两个儿子会支持您做……

答：他们肯定是嫌弃了，嘿嘿，嫌弃也没有办法。

……

问：那知道您做这一行的亲戚朋友是怎么看待的？是支持还是反对？还是理解呢？

答：只能说是理解吧，没有办法，只要你能弄到钱，能把生活混下去就好了。

……

问：他们（亲戚）有没有说您做这个不好？

答：说是说过的，肯定说过的，就连儿子他们都讲过的，这个没办法。

……

问：现在那些反对的亲戚……

答：在家里，在老家你要顾脸！你懂吗？在外面要好混一点，在老家不做。

……

问：那您的家乡人可知道您做这一行？

答：基本上不大知道，亲戚朋友大都知道。

问：那您为什么不告诉他们呢？

答：告诉他们丢脸呢！没面子！哈哈……捡垃圾，难听呢……

　　这段对话向我们清晰地表明，个案 LYK 感受到了来自他人包括家人、亲戚、朋友等对其拾荒者身份的社会歧视和偏见。虽然他试图通过将拾荒者身份道德化和正当化，"我不偷不拿我捡垃圾怕什么"，以此来抵抗这些社会歧视和偏见，但是这种抵抗是有限的，他只能接受他人对其身份的社会歧视和偏见。因此，他认为拾荒是丢脸的，没面子的。他对拾荒的这种认知，恰恰是在某种程度上接受他人对拾荒者身份的社会歧视和偏见的结果。由此可以看出，他人对身份的贬低作用于身份主体，身份主体接受了这种身份贬低，进而导致身份主体对该身份的认同缺失。正是基于这样的逻辑，LYK 极度不认同自我拾荒者身份，"有（其他收入）我们才不干这个（拾荒）"明确地表明了这一点。

　　（二）自我贬低

　　所谓的自我贬低是指拾荒者对自我身份进行贬低，通过将拾荒者身份与肮脏、丢脸、下贱、没有文化、危险、盗窃、无能、非法、无序等消极社会意义相关联，从而不予认同自我身份，导致身份认同缺失。通俗地说，自我贬低就是"自己看不起自己"。

个案一：WHQ

问：那您也是捡垃圾的……

答：对呀！我是捡垃圾的呀！捡垃圾到哪里人都看不起你呀！走到

哪里都看不起!

问:这是别人看不起咱们,我就是说……

答:自己都看不起自己!（高声地说）不要讲别人了! 呵呵……

……

问:那您觉得您自己也是捡垃圾的,那您为什么也看不起捡垃圾的呢?

答:捡垃圾的,你搞得脏分分的,谁看得起你?

问:就是您自己都看不起自己?

答:那当然啦! 自己都看不起自己,你还要讲人嘛?! 明摆的事! 捡垃圾是最孬的! 最低的! 没有比捡垃圾还脏的……

个案二:AZJ

问:捡垃圾的您都看不起?

答:呃! 你真正要讲规规矩矩,哪个看不起哎? 规规矩矩! 我不偷不拿的! 你早上不起早,晚上不带晚……

……

问:那是说您没收垃圾之前啊,您也就看不起他们?

答:嗯,那我也看不起! 我自己都看不起自己嘛! 立(这)个东西是个痞业!

问:痞业是什么意思?

答:痞业不就是好吃懒做嘛! 图快活嘛!

问:不务正业?

答:呃! 你真正要讲务正业,安心去干活! 捡垃圾,收破烂,立(这)东西不是正当的事情!

问:就是您自己现在都看不起自己做这件事?

答:耶呃! 不是正当事哎!

在个案一中,WHQ不仅感受到来自他人对拾荒者的社会歧视和偏见,感受到他人对其身份的贬低,更重要的是他自己也在贬低自我身份。在他看来,拾荒是最孬的行业、社会地位最低下的行业,也是最脏的行业。这样他把拾荒者身份与孬、社会地位低下与脏等消极社会意义关联起来,这种意义关联过程就是自我身份贬低过程。正是这种对身份的自我贬低导致了 WHQ"自己都看不起自己",进而出现了对自我身份的认同缺失。在个案二中,同样的身份自我贬低也在进行。AZJ 将拾荒行业与痞业、不正当事、好吃懒做等消极社会意义建立关联,从而贬低了自我拾荒者身份。同样是这种对身份的自我贬低过程导致了身份主体 AZJ 对自我身份的认同缺失,正如"我自己都看不起自己嘛"所揭示的那样。

通过对上述两个个案的分析,我们发现身份主体对自我身份的认同缺失可以由身份主体对身份的自我贬低而引起,因此,自我贬低是导致身份主体对自我身份的认同缺失之另一重要机制。在某种意义上说,这种由自我贬低导致的身份认同缺失比由他人贬低导致的身份认同缺失影响更加持久与广泛。

(三) 身份落差

所谓的身份落差是指身份主体从一个具有较高社会地位的身份移位到一个具有较低社会地位的身份,从而引起身份主体对移位后的身份缺乏认同。在这里导致身份主体对移位后身份的认同缺失主要是由身份移位前后两种身份之间的社会地位差异造成的。

个案一:YPL

问:您现在家庭的主要收入是什么?

答:也就是依靠这个捡垃圾。

……

问:您因为家里穷没有读过书,那后来呢?

答:后来接着就文化大革命了。文化大革命之后,我虽然没有文化但是敢闯,我就在火车站向阳路开了大饭店……

……

问:饭店垮了? 然后呢?

答:我就开始做生意了,我就接着干京九铁路(包工程)……

……

问:您在包(工程)的过程中有没有给他们送礼呢?

答:送礼这个怎么说呢……在这个大西北干活,我没文化就栽跟头了……后来大西北开发,就通过纪委来调查,说我这里出了纰漏,我栽了六七十万,要不我怎么现在在这捡垃圾呢? 你看我可像是捡垃圾的?

……

问:最终您的工程钱没有拿到?

答:拿到了,没拿完……那时候在那边我干的工程很吃香,我的名誉(很高),那光荣,铁道部的光荣榜上都是我的名字……

个案二:LSC

问:哦,您是医生?

答:嗯,我是医生。

问:您是什么医生? 自己开的诊所还是正规医院里面?

答:是呀,社区医院你知道吗?

问:哦,社区医院……

答:哎! 我在里面工作,我儿子也在里面工作。我想要你写篇论文,为什么? 医院给我弄的,所以……我后来收破烂了。

……

问:那您在里面是作为医生?

答:嗯,我作为医生,我那里面我说了算,我还是主任。

……

问:总的来说,您觉得这一行(拾荒)是丢人的?

答:嗯,丢人!

……

问:那您自己为什么会有这种感觉(拾荒被人瞧不起)呢?

答:我从小不是干这个的人啊!

在这两个个案里,YPL与LSC在进入拾荒行业,成为拾荒者之前分别是包工头和医生,这是两种具有较高社会地位的身份。上述对话表明,他们对自己的包工头和医生的身份是高度认同的。然而 YPL 由于工程款被他人骗掉致使自己成为一个拾荒者,而 LSC 因疫苗药品事件被人利用,致使自己被社区医院开除,也成为一个拾荒者。从包工头到拾荒者,从医生到拾荒者,这种从较高社会地位的身份移位到较低社会地位的身份落差,使得身份主体对移位后的身份缺乏认同。因此,身份落差是导致身份主体不予认同自我身份的第三种认同缺失机制。

上面我们分析了导致身份主体对自我身份缺乏认同的三种机制，为了分析的便利，我们将三种机制分别予以论述，并以实例辅助。需要指出的是，在现实社会中，在同一个身份主体身上可能其中一种、两种、甚至三种认同缺失机制都在运作。而且我们可以预测，在越多的认同缺失机制运作下，身份主体对自我身份的认同缺失程度就越大。不过，根据矛盾性身份的界定，一种身份若要成为一种矛盾性身份，除了在认同缺失机制运作下满足身份主体对身份的认同缺失条件外，还必须满足身份主体需要继续建构或维持该身份的条件。接下来，我们将分析身份主体在缺失自我身份认同后，如何需要继续建构或维持某种身份的，换句话说，就是身份主体继续建构或维持某种身份的需要是如何产生的。

二、身份延续——在身份与身份主体之间

在认同缺失机制的运作下，身份主体对自我身份的认同缺失才成为可能，但还不足以致使该身份形成矛盾性身份。在对自我身份的认同缺失形成以后，身份主体还继续建构或维持该身份时，此时的身份相对于身份主体来说才成为矛盾性身份。现在我们需要分析，哪些机制的运作导致身份主体在缺失身份认同后还继续建构或维持该身份。换句话说，我们需要分析哪些机制使得身份主体持续依赖自我并不认同的身份。在本章第一节中，我们通过三个个案的分析提出了矛盾性身份的概念，这三个个案分别选自被动选择型拾荒者、主动选择型拾荒者以及过渡型拾荒者，以此来说明在笔者的调查对象中矛盾性身份现象的普遍性。现在我们面临的问题是在身份主体不认同自我身份的情况下，他们为什么还要继续建构或维持该身份，即身份延续。那么，针对拾荒者来说，前述问题就转化为对拾荒者自我身份不予认同的拾荒者为什么还要继续拾荒的问题。而对此问题的讨论，我们需要回到三种类型拾荒者的拾荒动机分析上才能揭示出各自的身份延续机制。不过我们需要补充的是，矛盾性身份现象并不是存在于三种类型拾荒者中每个拾荒者身上，因此这里讨论的三种类型拾荒者只关涉每种类型中那些不认同拾荒者自我身份但又继续拾荒的人。

（一）必然性身份依赖

所谓的必然性身份依赖是指身份主体不得不依赖于某种身份，身份

主体对该身份的依赖不是自我主动选择的结果,而是身份主体之外因素制约的结果,从而致使身份主体不得不继续依赖该身份。这种必然性身份依赖是被动选择型拾荒者在不认同自我拾荒者身份的前提下确保拾荒者身份延续的主要机制。

个案一:JSB

问:您来上海的目的很明确,就是来捡垃圾的?

答:哎! 对!

问:那您来上海之后,有没有去找过其他工作?

答:也试过……你没有技术,人家就不想要你!

……

问:就开始一心一意地……

答:哎! 为了维持生活嘛,就干这个了。

……

问:您自己是怎么看待捡垃圾这一行的? 您觉得这行适不适合您? 这行有没有降低了自己的人格? 或者说丢面子了?

答:……我讲句不好听话,我高中毕业之后,我当兵之后啊,我说不好听话呢,不要说捡垃圾,收废品,我就是做小工我都感到丢人! 我也是(被)逼出来的! 我做小工都感到丢人……

……

问:您今后有什么打算呢?

答:还继续捡垃圾嘛,旁的没有什么打算。

个案二:ZZL

问:您当时毕业以后,为什么想到去打工,而不在家种田呢?

答:土地少,养不活人啊! 这是最主要的一点! 第二个来说,你要是在家里,你种土地,还得做生意,就那养不活人! 说实在的,条件太苦了!

……

问:为什么想到做这一行呢? 是自己琢磨出来的还是……

答:……就是说老乡们他们到这边来,说这边行情好,收袋子还能挣点钱……就跟着干。

　　……

　　问:您是怎么评价自己做这行的? 就是您觉得这行适不适合您做?

　　答:不适合! 逼的这一步,真的不适合!

　　……

　　问:您今后有什么打算呢?

　　答:最好不干这个了。

　　……

　　问:准备干什么?

　　答:……现在还没选定吧……眼下嘛,两、三年时间我肯定还会做下去的。

　　在这两个个案中,我们清晰地发现个案 JSB 和个案 ZZL 都是典型的被动选择型拾荒者,而且他们对自我拾荒者身份缺乏认同。JSB 认为做小工都会让自己感到丢人,就更不用说拾荒了;ZZL 也认为拾荒不适合自己。但是就在他们对自己的拾荒者身份缺失认同的情况下,为什么他们还要继续拾荒呢? 在 JSB 看来,拾荒是为了生活,而在 ZZL 看来,拾荒也是因为土地少而养不活人,所以他们在没有选择的情况下开始拾荒并将继续拾荒。[①]这说明,为了生存,他们不得不依赖拾荒,从而不得不依赖拾荒者身份。正是因为拾荒在他们没有选择的情况下为其提供了生存的可能,所以他们形成了对拾荒的依赖,也就是对拾荒者身份的依赖。这种必然性身份依赖使得拾荒者身份延续机制开始运作,从而延续了该身份,为矛盾性身份的形成创造了条件。

　　(二) 选择性身份依赖

　　所谓的选择性身份依赖是指身份主体对该身份的依赖取决于身份主体的选择,身份主体可以选择延续该身份,也可以选择终止该身份。这种选择性身份依赖是主动选择型拾荒者在不认同自我拾荒者身份的前提下确保拾荒者身份延续的主要机制。它与必然性身份依赖的区别在于前者的身份主体可以依赖也可以不依赖某种身份,而后者的身份主体必须依

---

　　① 尽管个案 ZZL 提到他两、三年后可能会转行,但至少在接下来两、三年内,他仍旧依赖拾荒。至于两、三年后他会从事何种行业,已经超出了我们讨论的范围。

赖某种身份。对于具有矛盾性身份的主动选择型拾荒者来说,他们在不认同自我拾荒者身份的情况下,选择了延续该身份。

个案一:WHQ

问:当时您为什么想到要到上海来捡柴火呢?

答:呃……儿子不搁上海开车的嘛,不想搁儿子一块嘛,可是?

……

问:您想(念)他们?

答:呃! 想小孩可知道? 老了就这样的! 来了呢,我们也不能闲着吃啊,挣点钱生活维持啊,你不能光靠小孩呀……现在我们还干得动啊,不能连累他们! 自劳自食……

……

问:就是您自己都看不起自己?

答:那当然啦! 自己都看不起自己,你还要讲人嘛……

个案二:ZZX

问:您这个家庭啊,像您这一家主要的经济收入是什么?

答:就是这个(拾荒)!

……

问:除了打工以后,还有没有做过其他行业?

答:其他什么? 反正我原来我也开过车! 开过车吧,反正那会……反正在九十年代开车在路上交警太厉害!

……

问:那您还干过什么事呢? 开过车以后呢?

答:开过车后,我就受气,我开始拾荒!

……

问:您觉得这个行业是适合您还是不适合您……

答:我啊,我不喜欢这个行业……

……

问:那您今后的打算还是继续捡下去?

答:今后打算……也不想干了,干够够的(厌烦了)!

这是两个主动选择型拾荒者个案,一方面他们均不认同自我拾荒者身份,但另一方面,他们又主动选择继续依赖该身份,尽管个案 ZZX 提到不想再拾荒了。对于个案 WHQ 来说,他遵循着减负逻辑从事拾荒,想减轻子女的家庭负担,他原本无需拾荒,不需要成为一个拾荒者。对于个案 ZZX 来说,他遵循着经济逻辑从事拾荒,但他原本也可以从事其他行业,也可以不成为一个拾荒者,只是因为不想受警察的气而选择了拾荒。由此可见,对于主动选择型拾荒者来说,拾荒者身份并不是他们唯一可供选择的身份,他们之所以选择这种身份是因为该身份为他们提供了自己需要的东西。因此,主动选择型拾荒者的身份延续是身份延续机制之选择性身份依赖运作的结果。

(三) 过渡性身份依赖

所谓的过渡性身份依赖是指身份主体对该身份的依赖是过渡性质的,这种身份依赖的过渡性质源自身份主体将该身份暂时性地工具化。过渡型身份依赖是过渡型拾荒者实现身份延续的主要机制。

个案:LSC

问:哦,您是医生?

答:嗯,我是医生。

问:您是什么医生? 自己开的诊所还是正规医院里面?

答:是呀,社区医院你知道吗?

问:哦,社区医院……

答:……医院给我弄的,所以……我后来收破烂了。

……

问:在这种情况下,您有没有想到要去为自己辩解?

答:所以我很想采访你(被你采访)呢……我现在不忍心啊! 我一个收破烂,收完破烂我要跟他们打官司。你院长不能是主席吧? 还有上面还有主席压着你! 还有法院呢! 所以我就想打官司。

……

问:那您自己为什么会有这种感觉(拾荒被人瞧不起)呢?

答:我从小不是干这个的人啊!

……

问:……您谈一谈今后的打算。

答:今后打算就是仍是收这个破烂,赚个一、两千块钱我就改行了。

……

问:为什么改行呢?

答:这行不适合我!

问:想改成哪一行?

答:我还是想做那个(医生)!

　　个案 LSC 原本在社区医院有着一份医生的工作,但因疫苗药品事件被辞退,成为一个拾荒者。从医生到拾荒者的身份落差让 LSC 对目前的自我身份缺乏认同,正如他所说"我从小不是干这个的人啊"。他试图通过拾荒积攒费用,与医院打官司,想再从事医生职业。因此,拾荒与拾荒者身份对于 LSC 来说,只是一种过渡性质的工具化应用。在不认同自我拾荒者身份的前提下,LSC 仍旧继续拾荒,延续着拾荒者身份,只是因为拾荒能为他与医院打官司、重新回到医生职业提供过渡性的条件。正因为如此,对 LSC 来说,拾荒者身份只是一种过渡性质的身份,他对这种身份的依赖也只是一种过渡性依赖,而身份延续也只是一种过渡性质的身份延续。尽管如此,过渡性身份依赖为矛盾性身份构成同样创造了条件。

　　以上我们分析了矛盾性身份的形成机制。根据矛盾性身份的界定,必须在认同缺失机制和身份延续机制的共同运作下,矛盾性身份才成为可能。认同缺失机制确保身份主体对身份的认同缺失,而身份延续机制确保身份主体对该身份延续的需求。我们具体分析了三种认同缺失机制与三种身份延续机制。在理论上,至少有一种认同缺失机制与一种身份延续机制的共同运作才能构成矛盾性身份,但在现实中可能会出现在同一身份主体上存在两个及以上认同缺失机制的同时运作,但不可能出现在同一身份主体上存在两个及以上身份延续机制的同时运作。换句话说,三种身份延续机制中任意两种或全部在同一身份主体上不可同时运作,但三种认同缺失机制中任意两种或全部在同一身份主体上可以同时运作。至此,在认同缺失机制与身份延续机制的共同运作下,矛盾性身份得以形成。但矛盾性身份自形成那一刻起,就充满着内在张力。那么这种内在张力是如何得到处理从而维持了矛盾性身份的存在呢？这将是下一节的主要内容。

第三节　身份平衡机制——矛盾性身份的维持

在前面两节内容中，我们分别就矛盾性身份的界定及其特征与矛盾性身份的形成机制进行了分析。我们看到矛盾性身份是在认同缺失机制和身份延续机制的共同运作下才得以形成的，它自形成那一刻起，就充满着内在张力。这种内在张力源自身份主体对自我身份的认同缺失与身份主体对该身份实施身份延续的行为之间的对立。显然，如果这种内在张力得不到合理有效的处理，它就会破坏矛盾性身份本身，使之不复存在。然而，到目前为止，我们只分析了矛盾性身份的特征及其形成过程等，还没有对其形成以后如何维持展开分析。由于矛盾性身份的内在张力对矛盾性身份来说是构成性的、根本性的，因此，矛盾性身份的维持问题就主要是这种内在张力如何被处理的问题。在本研究中，通过对具有矛盾性身份的拾荒者进行深入研究后发现，作为身份主体的拾荒者在面对矛盾性身份的内在张力时，并不是"无为"的，而是积极地采取一系列的行动策略来平衡这种内在张力的影响，但不是消解这种内在张力本身，[①]从而使得矛盾性身份形成后得以维持。我们将矛盾性身份主体用来平衡这种内在张力的影响进而维持该身份时所采用的行动策略称之为身份平衡机制。接下来，我们将继续以具有矛盾性身份的拾荒者为案例，分析这些身份平衡机制是如何运作的。

一、身份正当化

身份正当化是矛盾性身份主体用来平衡矛盾性身份的内在张力之影响的主要身份平衡机制之一。矛盾性身份主体通过赋予自我身份以积极的社会意义使之被正当化，从而建构某种程度的自我身份认同以平衡矛盾性身份的内在张力之影响。由于他人贬低、自我贬低以及身份落差等认同缺失机制的运作，导致了身份主体对自我身份的认同缺失，从而为矛

---

① 矛盾性身份的内在张力是构成性的，内在张力的消失就意味着矛盾性身份的消失，因此，矛盾性身份主体只能采取各种行动策略来平衡内在张力的影响，而不是消除内在张力。

盾性身份的形成创造了必备条件。而身份正当化恰恰是矛盾性身份主体针对这种认同缺失的生产过程进行去认同缺失的机制,试图建构某种程度上的自我身份认同,从而达到一种身份平衡,而这种身份平衡的结果就是矛盾性身份的维持。

个案一:WHQ

问:家乡人知道您做这个(拾荒)吗?

答:家乡人知道呀!都知道我捡垃圾啊!反正我又不偷不拿,不抢!我血汗钱挣来的,可对?

个案二:LSC

问:您愿意主动跟别人说您是捡垃圾的吗,如果我们第一次见面?

答:如果是熟人的话,我不会说!

问:如果是(陌)生人的话呢?

答:那我就说!自己干的这行实际上不丢人!一个捡,一个买,又不偷,又不摸,是吧?这个有什么丢(脸)的?

个案三:ZZX

问:您觉得一样的?

答:我觉得一样!我觉得我出力挣钱,不偷又不抢,不犯法,对不对?咱又不违法乱纪!咱靠出力捡,怕谁?咱谁都不怕对不对?

个案四:LYK

问:您觉得做这一行(拾荒)有没有给自己丢面子?

答:那考虑不到,要考虑到捡到东西能赚钱就行了。我们反正不偷人家的,不拿人家的,这一条是肯定的!别的我怕什么?我不偷不拿,我捡垃圾怕什么?我们是这样想的!

在上述四个个案中,矛盾性身份主体在面临着矛盾性身份的内在张力时,通过赋予拾荒者身份以"血汗钱""不丢人""不偷""不抢""不违法"等积极社会意义将自我身份正当化,从而建构了某种程度上的自我身份认同,以平衡矛盾性身份的内在张力的影响。正是通过矛盾性身份主体对自我身份正当化的过程,在一定程度上平衡了矛盾性身份的内在张力对其造成的影响,矛盾性身份才能在形成之后继续维持。从笔者的调查来看,身份正当化是矛盾性身份主体用来平衡矛盾性身份的内在张力之影响从而维持了矛盾性身份的主要机制之一。

二、身份比较

身份比较是矛盾性身份主体用来平衡矛盾性身份的内在张力之影响的另一重要机制。矛盾性身份主体将自我身份与其他身份进行比较,在比较的过程中获得自我身份的某种相对优势,而这种相对优势恰恰被矛盾性身份主体用来平衡其矛盾性身份的内在张力之影响,进而维持了矛盾性身份本身。

个案一:QJB

问:那您为什么在上海选择去工地上捡破烂呢?

答:这个我给你讲实话,搞这个就得自由,没有人管你,不管你搞多少,今天搞一百也好,搞十块钱也好,就是我的自由!没有人管你!这个就占自由!

……

问:所以到上海来就直接去工地捡垃圾,也是因为比较自由?

答:是的,我钱搞多一点少一点这个无所谓,我得一点自由,没有人管你。但是我呢,要到工地上干活,跟人家年轻人(比),肯定你是比不过他们,比不过但是你也要使劲地搞,累死了。

个案二:SZH

问:根据您自身条件,您认为捡垃圾是一个最赚钱的谋生的手段?

答:这也不是最主要的,我跟你讲,你现在走到这一步,你只有往前走！你没有回头的余地了。你就是打工，你打工能跟你聊一下午？我可以和你聊呀！嘿嘿……

个案三:JSB

问:你到上海来也是别人带您过来的,还是……
……
答:我们嘛,反正都是本村的嘛,老乡。就是说呢,跟你做小工差不多的话,现在年纪大了,像我今年都五十二岁了,那时候四十多岁,再做那个小工呢,就比较累了。这个呢,待遇差不多呢,但是说比那个要轻松一点。

个案四:AZJ

问:当时有没有觉得收垃圾不好意思?
答:那个怎么不好意思哎? 要饭都有人干嘛,要饭不好意思!

上面的四个个案向我们清楚地表明,作为矛盾性身份主体的拾荒者在将自我身份与其他身份的比较过程中,发现了自我身份的某种相对优势。例如在个案一和个案二中,通过与打工者身份相比,矛盾性身份主体QJB与SZH发现自我拾荒者身份的相对优势是自由,个案三中的矛盾性身份主体JSB发现自我拾荒者身份的相对优势是轻松;在个案四中,通过与乞丐身份相比,矛盾性身份主体AZJ发现自我拾荒者身份的相对优势是体面。正是在与其他身份比较的过程中,矛盾性身份主体获得了自我身份相对于其他身份的相对优势,才使得矛盾性身份的内在张力之影响得到了有效地平衡,从而维持了矛盾性身份。当然,不同的矛盾性身份主体将自我身份与其他同一身份进行比较时,或者同一矛盾性身份主体将自我身份与其他不同的身份进行比较时,会获得不同的自我身份之相对优势。在本研究中,我们发现作为矛盾性身份主体的拾荒者通常将自我拾荒者身份与打工者身份进行比较,而他们获得自我身份的相对优势普遍被认为是自由。

三、身份寻求

为了平衡矛盾性身份的内在张力之影响,矛盾性身份主体往往会寻求另种身份的建构,而这种新身份的社会地位通常比矛盾性身份的社会地位要高,因此身份寻求也是矛盾性身份主体用来平衡身份的重要机制。不过,我们需要指出,矛盾性身份与用来平衡矛盾性身份的新身份通常不是处于同一社会空间之内。

个案一:SZH

问:我觉得你就是你之所以做这一行,也是被逼上来的,但是现在只能通过做这个来维持生活,是吧?

答:不是说维持生活,我曾经这样想过的,我不是以这个为职业,我跟我儿子跟我老婆说过,我这一辈子要是不在我们那个村子干个事业的话,我觉得我自己这辈子活得窝囊!

……

问:他们(家乡人)对你做这一行有没有什么看法呢?

答:你看他们都知道我以前连家都没有,现在房子也盖好了,说明人家能干啊!能吃苦啊!能吃苦!能干!能受罪!以前俺那个旧家庭,说实在的,你越穷,他人越看不起你……你为什么看不起我呢?不就是我家穷一点嘛!你有什么可看不起我的呢……

个案二:LSC

问:当时有没有想过说您不适合干这一行(拾荒)的?

答:有这想法,也想这不是个长法……

……

问:总的来说,您觉得这一行是丢人的?

答:嗯,丢人!

……

问:好,最后一个问题啊,您谈一谈今后的打算。

答:今后打算就是仍是收这个破烂,赚个一、两千块钱我就改行了。

……

问:想改成哪一行?

答:我还是想做那个(做医生)!

在个案一中,SZH 对自己的拾荒者身份缺乏认同,但他仍旧继续拾荒。显然拾荒者身份对他来说构成了一种矛盾性身份,他必须面对如何处理该矛盾性身份的内在张力问题。作为矛盾性身份主体的 SZH 拾荒背后的逻辑,正如他自己所说"……我这一辈子要是不在我们那个村子干个事业的话,我觉得我自己这辈子活得窝囊",这就是要在家乡成为一名成功人士、有头有脸的人物。这里涉及两种不同社会空间里的身份,一个是城市陌生人社会空间里的身份,另一个是熟人社会空间里的身份。在陌生人社会空间里,身份主体可以具有一种社会地位低下的身份;而在熟人社会空间里,身份主体需要寻求一种较高社会地位的身份。身份主体正是以在陌生人社会里较低社会地位的身份为基础,企图寻求在熟人社会里较高社会地位的身份之建构,以熟人社会里较高社会地位的身份平衡陌生人社会里较低社会地位的身份,合理而有效地处理了矛盾性身份的内在张力之影响,进而维持了矛盾性身份的存在。同样的身份平衡机制也在个案二中运作着。

四、自我说服

自我说服是指矛盾性身份主体在面对矛盾性身份的内在张力之影响时通过自我劝说的方式说服自己接受当前身份现状。它与身份正当化机制的区别是后者通过赋予矛盾性身份以积极的社会意义以使该身份正当化,矛盾性身份主体试图使自我对该身份的认知发生变化;而前者即自我说服机制并没有改变矛盾性身份主体对自我身份的认知,只是通过自我说服让自己接受当前的矛盾性身份,矛盾性身份主体对自我身份的认知没有发生任何变化。自我说服通常是年龄较大的拾荒者实现身份平衡的重要机制。

个案一:YJZ

问:您自己怎么看待捡垃圾这行的? 就是这行适合您做还是不适合您做? 首先您觉得适合不适合做这个?

答:反正就觉得丢脸！反正就觉得这！人又上年纪了,打工呢没人要！捡垃圾呢,就是人都能捡,俺也去捡！反正俺拎个袋子出去能混混饭吃就算了！

个案二:JSB

问:这么说您到上海来的目的很明确,就是来捡垃圾的?

答:哎！对！

问:那您来上海之后,有没有去找过其他工作?

答:也试过。试过呢,也就是说由于我们读书,当过兵呢,没有学什么专业技术,不会木工,也不会瞧电线,还是什么车床的,总之没有技术吧……加上年龄又大,人家厂里就不肯要你！你要是有技术,四十岁,还同样能找到对口的工作。你没有技术,人家就不想要你！

……

问:就开始一心一意地……

答:哎！为了维持生活嘛,就干这行行了。

从上面的个案中,我们可以看出矛盾性身份主体在面对矛盾性身份的内在张力之影响时,利用自我说服的身份平衡机制平衡并接受了当前身份,从而维持了矛盾性身份的存在。在个案一中,YJZ用年龄、无法打工、"人都能捡,俺也去捡"等理由说服自己接受拾荒者身份,"反正俺拎个袋子出去能混混饭吃就算了",尽管她并不认同该身份。在个案二中,JSB用年龄大、没有技术等理由同样说服自己接受了拾荒者身份,"为了维持生活嘛,就干这行行了"。由此可见,矛盾性身份主体在面对矛盾性身份的内在张力之影响时,根据自身的条件,寻找理由,通过自我说服机制让其确证自己只适合当前的身份,从而接受并维持了矛盾性身份的存在。

至此,我们以拾荒者为个案,分析了在矛盾性身份形成以后,矛盾性身份主体通过四种身份平衡机制来平衡矛盾性身份的内在张力之影响,从而维持了矛盾性身份的客观存在。相对于矛盾性身份的形成机制而言,其身份平衡机制显得更为重要,因为它们直接关系着矛盾性身份的客观存在与否。如果没有矛盾性身份的身份平衡机制的作用,那么矛盾性身份就不可能以一种社会事实的状态呈现出来,它永远只能停留在形成与消解阶段,即矛盾性身份的形成之际就是其消解之时。

我们在现实生活中看到大量的"做着自己不喜欢做的事"的人之存在,就意味着作为社会事实的矛盾性身份之存在,它们的存在正是矛盾性身份平衡机制运作的结果。在现实中,四种身份平衡机制可以在同一矛盾性身份主体上进行任意组合式地运作,每个矛盾性身份主体至少有一种身份平衡机制的运作,才能确保矛盾性身份的维持。

本 章 小 结

在本章中,我们以拾荒者为个案,深入而系统地分析了矛盾性身份的界定与特征、形成机制及其维持,试图回答"矛盾性身份何以可能"的问题。

矛盾性身份概念是针对以往身份研究中忽视了身份主体与身份之间非统一性状态的理论盲点而提出的。矛盾性身份是指在身份相对于该身份主体的关系中,身份主体在对自我身份认同缺失的条件下继续建构或维持的身份,它具有如下本质要素:第一,它涉及的是身份主体与身份的关系;第二,身份主体不认同该身份;第三,身份主体又继续建构或维持该身份,无论出于何种原因;第四,它是在与身份主体的关系中形成与维持。矛盾性身份具有矛盾性、主体性和动态性三个特征。

矛盾性身份的形成是矛盾性身份认同缺失机制与身份延续机制共同运作的结果,二者构成矛盾性身份的形成机制。矛盾性身份认同缺失机制包括他人贬低、自我贬低与身份落差。他人贬低是指身份主体所属群体以外的群体或组织成员对身份主体的身份贬低,导致身份主体对自我身份的认同缺失;自我贬低是指身份主体对自我身份进行贬低,从而导致身份主体对自我身份的认同缺失;身份落差是指身份主体从一个具有较高社会地位的身份移位到一个具有较低社会地位的身份,从而引起身份主体对移位后的身份缺乏认同。矛盾性身份延续机制包括必然性身份依赖、选择性身份依赖与过渡性身份依赖。必然性身份依赖是指身份主体不得不依赖于某种身份,身份主体对该身份的依赖不是自我主动选择的结果,而是身份主体之外因素制约的结果,从而致使身份主体不得不继续依赖该身份;选择性身份依赖是指身份主体对该身份的依赖取决于身份主体的选择,身份主体可以选择延续该身份,也可以选择终止该身份;过渡性身份依赖是指身份主体对该身份的依赖是过渡性质的,这种身份依赖的过渡性质源自身份主体将该身份暂时性地工具化。

矛盾性身份的维持是在矛盾性身份形成以后通过身份平衡机制的运作才成为可能的。身份平衡机制包括身份正当化、身份比较、身份寻求与自我说服。身份正当化是指矛盾性身份主体通过赋予自我身份以积极的社会意义使之被正当化,从而建构某种程度的自我身份认同以平衡矛盾性身份的内在张力之影响;身份比较是指矛盾性身份主体将自我身份与其他身份进行比较,在比较的过程中获得自我身份的某种相对优势,而这种相对优势恰恰被矛盾性身份主体用来平衡其矛盾性身份的内在张力之影响;身份寻求是指矛盾性身份主体通过寻求在熟人社会里较高社会地位的身份来平衡在陌生人社会里较低社会地位的身份,进而平衡矛盾性身份的内在张力之影响;自我说服是指矛盾性身份主体在面对矛盾性身份的内在张力之影响时通过自我劝说的方式说服自己接受当前身份现状。

矛盾性身份的客观存在是矛盾性身份的形成机制与身份平衡机制组合式运作的结果。

第六章　结 论 与 展 望

戈夫曼在《污名——受损身份的管理札记》一书中,界定了社会身份、个人身份与自我身份,认为:"社会身份的概念让我们去考虑污名化。个人身份的概念让我们去考虑信息控制在污名管理中的作用。自我身份的观念让我们去考虑此人会对污名及其管理怎么看,并引导我们对提供给他的与这些事情有关的建议予以特别关注。"①换句话说,"社会身份是指他人根据我们所属的群体而对我们产生的理解。个人身份是使我们独一无二的东西,它由'身份挂钩'(如指纹)和生平细节构成。自我身份是指我们的自我理解。"②我们在前文已经指出,本研究正是在戈夫曼意义上使用自我身份概念的,即身份主体的自我理解。

因此,在本研究中,我们以认同理论和社会认同理论为视角,以拾荒者为研究对象,以拾荒者的身份建构为研究主题,以拾荒者在面临来自他人对其身份持有强烈的社会歧视和偏见的情况下如何建构自我身份为核心研究问题,试图从身份主体的角度构建一个底层社会民众身份建构的分析框架,从而为底层社会研究提供新的解释路径。为此,笔者于2009年六月、七月与八月在上海市宝山区的大场镇、祁连镇以及普陀区的桃浦镇实地访谈了三十七位拾荒者,获得了长达五十四万字左右的第一手资料。为了研究的需要,根据拾荒者的拾荒动机的不同,我们将三十七位拾荒者分为三种类型即被动选择型拾荒者、主动选择型拾荒者与过渡型拾荒者展开研究,并得出了一些初步的研究结论。

---

① [美]欧文·戈夫曼:《污名——受损身份的管理札记》,宋立宏译,北京:商务印书馆,2009年,第2、78、143—144页。

② [美]欧文·戈夫曼:《污名——受损身份的管理札记》,宋立宏译,北京:商务印书馆,2009年,第199页。

第一节　结　论

一、拾荒者的自我身份认知图式

在本研究中,我们将拾荒者对自我身份的感知和理解概念化为自我身份认知图式。

在被动选择型拾荒者群体中,我们发现存在着三种自我身份认知图式:第一种就是拾荒者认为拾荒与拾荒者遭受社会歧视和偏见,认同拾荒行为与拾荒者身份的道德性和正当性,但不愿意认同和接受自己的拾荒者身份;第二种就是拾荒者认为拾荒与拾荒者遭受社会歧视和偏见的,且否定拾荒行为与拾荒者身份的道德性和正当性,更不认同和接受自己的拾荒者身份;第三种就是拾荒者认为拾荒与拾荒者遭受社会歧视和偏见,但肯定拾荒行为与拾荒者身份的道德性和正当性,认同和接受自己的拾荒者身份。

在主动选择型拾荒者群体中,我们发现存在着两种自我身份认知图式:一种主动选择型拾荒者根据经济理性的思维方式,从相对优势和相对劣势两个方面来建构拾荒者自我身份认知图式;从拾荒者身份的相对优势方面来说,这种身份与经济利益、富裕、自由等积极社会意义相关联,而从拾荒者身份的相对劣势方面来说,它又与肮脏、丢人等消极社会意义相关联;这种主动选择型拾荒者接受和认同自己的拾荒者身份,因而身份主体与身份得到了统一。然而另一种主动选择型拾荒者并不是根据经济理性的思维方式来建构自我身份认知图式的。在他们看来,拾荒行业与拾荒者身份必然地遭受普遍的社会歧视和偏见,它们与"最孬""最低""最脏"等消极社会意义相关联,拾荒者身份被赋予的消极社会意义是主要的,甚至是其身份内涵的全部,尽管拾荒者身份也意味着自由。

在过渡型拾荒者中,我们发现这种类型拾荒者的自我身份认知图式包括三个认知维度:第一个认知维度就是拾荒者身份与"下贱"的消极社会意义相关联;第二个认知维度是在拾荒者群体内部,相对而言,游走收购型拾荒者身份要比直接捡拾型拾荒者身份"高尚"一些;第三个认知维度是可以接受和认同他人的拾荒者身份,但却拒斥和否定自我拾荒者身份,因而导致矛盾性身份的形成。

研究发现,不论是被动选择型拾荒者、主动选择型拾荒者还是过渡型拾荒者,他们的身份认知图式呈现出相同的认知维度,即拾荒与拾荒者受到来自他人的社会歧视和偏见,与一些消极社会意义相联系。这说明,在更大的社会系统中,拾荒者作为一种包括三种类型拾荒者的集体身份,已被社会性地污名化,并将作为一种社会现实客观地存在着。无论个体出自什么动机,只要成为一个拾荒者,他就不可避免地感受到被污名化的集体身份之制约。

二、拾荒者自我身份建构的行动逻辑

在本研究中,我们按照被动选择型拾荒者、主动选择型拾荒者和过渡型拾荒者的叙述结构,依次分析了三种不同类型的拾荒者在日常生活中面对的情境化的社会歧视和偏见,通过动用何种资源、何种行动策略以及身份建构机制来抵抗他人对其拾荒者身份的社会歧视和偏见的。

不论出于何种动机进入拾荒行业,具有拾荒者身份的人,都面临着同样的外部环境,即他人对拾荒者身份的社会歧视和偏见。这种社会歧视和偏见主要有两种:语言化社会歧视和偏见与行为化社会歧视和偏见。所谓语言化社会歧视和偏见是指以言说的方式表达社会歧视和偏见,言说本身就是生产和再生产社会歧视和偏见的过程。所谓行为化社会歧视和偏见是指以行为、动作的方式表达社会歧视和偏见,行为本身就是生产和再生产社会歧视和偏见的过程。需要指出的是,语言化社会歧视和偏见与行为化社会歧视和偏见不是截然分开的,二者是相互强化的。生产和再生产语言化社会歧视和偏见的过程往往就是生产和再生产行为化社会歧视和偏见的过程。我们之所以在这里将二者区分,只是强调对拾荒者身份的社会歧视和偏见的生产和再生产媒介的不同,一是通过语言符号,一是通过行为举止。

在面对他人对其拾荒者身份的社会歧视和偏见时,被动选择型拾荒者通常采用两种方式予以抵抗:建构自我认同的拾荒者身份与寻求另种身份。在建构自我认同的拾荒者身份时,被动选择型拾荒者会运用赋予拾荒者身份以积极社会意义、改变自身形象以及与他者比较等行动策略来实现。在实施与他者比较的行动策略时,被动选择型拾荒者会运用年龄比较机制与行业比较机制等。被动选择型拾荒者在寻求另种身份时,这种身份比拾荒者身份具有更高的社会地位,且二者不处于同一社会空间。通过这些行动策略和资源的利用,被动选择型拾荒者将自我拾荒者身份道德化与正当化,从而建构了自我身份认同,有效地抵抗了他人对其拾荒者身份的社会歧视和偏见。

在面对他人对其拾荒者身份的社会歧视和偏见时,主动选择型拾荒者根据四种逻辑采取了不同的行动策略予以抵抗,这四种逻辑分别是:(1)经济逻辑下的经济利益最重要行动策略,在这种逻辑运作下,他人对拾荒者身份的社会歧视和偏见变得相对次要,而拾荒带来的经济利益为他们的拾荒者身份提供了道德性和正当性,从而建构了自我认同的拾荒者身份,进而有效地抵抗了他人对其拾荒者身份的社会歧视和偏见;(2)减负逻辑下的"能动就动"行动策略,在减负逻辑的运作下,拾荒带来的经济利益以及这种利益的大小其实并不重要,重要的是他们在劳动,而且这种劳动表达了他们希望子女生活得更好的愿望。这实际上就是说因为拾荒可以减轻子女的家庭负担,所以拾荒不丢面子。这样,拾荒者身份就被"能动就动"的行动策略道德化和正当化,从而建构了自我认同的拾荒者身份;(3)自由逻辑下的"更自由"行动策略,在自由逻辑运作下,主动选择型拾荒者认为自由是自己最需要的,而这种自由只有拾荒行业才能提供。拾荒能够让自己更加自由使得拾荒者身份被道德化和正当化,从而建构了自我认同的拾荒者身份;(4)休闲逻辑下作为生活方式行动策略,在休闲逻辑下,生活方式化和休闲化的拾荒本身就是这类主动选择型拾荒者的目的。将拾荒生活方式化和休闲化的行动策略切断了人们在拾荒与拾荒者和对拾荒者的社会歧视和偏见之间的联系,一方面有效地抵抗了他人的社会歧视和偏见,另一方面建构了拾荒者身份的道德性和正当性,从而建构了自我认同的拾荒者身份。

在面对他人对其拾荒者身份的社会歧视和偏见时,过渡型拾荒者应用隐瞒拾荒者身份、赋予拾荒者身份积极社会意义以及寻求另种身份等行动策略予以抵抗。由于中国社会是熟人社会、面子社会,以及既有的他人对拾荒者身份的社会歧视和偏见,过渡型拾荒者在面对熟人时采用了隐瞒身份的行动策略,从而有效地避免了他人对其拾荒者身份的社会歧视和偏见。在面对陌生人时,过渡型拾荒者采用赋予拾荒者身份以积极社会意义的行动策略将自我身份道德化与正当化,建构自我认同的拾荒者身份,来抵抗他人对其身份的社会歧视和偏见。寻求另种身份建构的行动策略是过渡型拾荒者抵抗他人对其拾荒者身份的社会歧视和偏见的主要行动策略,该策略将拾荒者身份工具化、手段化以及暂时化,由于对更高身份地位的建构使得工具化与暂时化的拾荒者身份得以道德化与正当化,从而有效地抵抗了他人对其拾荒者身份的社会歧视和偏见。

在抵抗他人对其身份的社会歧视和偏见的时候,不同类型的拾荒者用于建构身份的资源主要有积极的社会意义、通过比较获得的相对优越感、更高社会地位的身份、经济利益、传统养育文化、自由观、休闲观等。此外,三种类型的拾荒者在建构身份时在可资利用的资源、行动策略以及身份建构机制上具有某种程度的相似性。

三、矛盾性身份与身份平衡机制

矛盾性身份概念是针对以往身份研究中忽视了身份主体与身份之间非统一性状态的理论盲点而提出的。矛盾性身份是指在身份相对于该身份主体的关系中,身份主体在对自我身份认同缺失的条件下继续建构或维持的身份,它具有如下本质要素:第一,它涉及的是身份主体与身份的关系;第二,身份主体不认同该身份;第三,身份主体又继续建构或维持该身份,无论出于何种原因;第四,它是在与身份主体的关系中形成与维持。矛盾性身份具有矛盾性、主体性和动态性三个特征。

矛盾性身份的形成是矛盾性身份认同缺失机制与身份延续机制共同运作的结果。矛盾性身份认同缺失机制包括他人贬低、自我贬低与身份落差。他人贬低是指身份主体所属群体以外的群体或组织成员对身份主体的身份贬低,导致身份主体对自我身份的认同缺失;自我贬低是指身份主体对自我身份进行贬低,从而导致身份主体对自我身份的认同缺失;身份落差是指身份主体从一个具有较高社会地位的身份移位到一个具有较低社会地位的身份,从而引起身份主体对移位后的身份缺乏认同。矛盾性身份延续机制包括必然性身份依赖、选择性身份依赖与过渡性身份依赖。必然性身份依赖是指身份主体不得不依赖于某种身份,身份主体对该身份的依赖不是自我主动选择的结果,而是身份主体之外因素制约的结果,从而致使身份主体不得不继续依赖该身份;选择性身份依赖是指身份主体对该身份的依赖取决于身份主体的选择,身份主体可以选择延续该身份,也可以终止该身份;过渡性身份依赖是指身份主体对该身份的依赖是过渡性质的,这种身份依赖的过渡性质源自身份主体将该身份暂时性地工具化。

矛盾性身份的维持是在矛盾性身份形成以后通过身份平衡机制的运

作才成为可能的。身份平衡机制包括身份正当化、身份比较、身份寻求与自我说服。身份正当化是指矛盾性身份主体通过赋予自我身份以积极的社会意义使之被正当化,从而建构某种程度的自我身份认同以平衡矛盾性身份的内在张力之影响;身份比较是指矛盾性身份主体将自我身份与其他身份进行比较,在比较的过程中获得自我身份的某种相对优势,而这种相对优势恰恰被矛盾性身份主体用来平衡其矛盾性身份的内在张力之影响;身份寻求是指矛盾性身份主体通过寻求在熟人社会里较高社会地位的身份来平衡在陌生人社会里较低社会地位的身份,进而平衡矛盾性身份的内在张力之影响;自我说服是指矛盾性身份主体在面对矛盾性身份的内在张力之影响时通过自我劝说的方式说服自己接受当前身份现状。

矛盾性身份是矛盾性身份的形成机制与身份平衡机制组合式运作的结果。

第二节　展　　望

围绕拾荒者自我身份建构的核心问题,通过对三十七位拾荒者的分析,本研究取得了一些初步的研究结论,尤其是矛盾性身份概念的提出,让人耳目一新。然而,正如任何一项研究一样,每一项研究都有着自身的局限性,这些局限性或许源自资料本身,或许源自分析框架,或许源自研究者的自身学术素养等主、客观方面的因素。但也正是因为这些局限性的存在,它为今后进一步的研究提供了可能空间。对于本研究而言,我们认为该研究的局限性主要表现在:

1. 由于本研究主要是通过访谈的方式获得第一手资料,而访谈资料的真实性是有限的。另外,虽然本研究主要是以拾荒者自身为视角,考察拾荒者自我身份的建构,但是拾荒者自我身份建构与他人对其身份的社会建构是分不开的,而本研究对他人是如何建构拾荒者身份的,给予的关注不够。

2. 本研究调查点选定在城乡接合部,这种调查点既不同于农村,又不同于中心城市区。那么在这里的拾荒者与其他地区的拾荒者是否存在差异,在本研究中也没有得到关注。

3. 在研究思路上,本研究根据拾荒动机将拾荒者分为三种类型,然后分析每种类型在面临他人对其身份的社会歧视和偏见的时候对自我身份的认知以及抵抗这种身份歧视和偏见时所利用的资源、行动策略与身份建构机制等。但在研究过程中，我们发现三种类型的拾荒者在自我身份认知图式，建构自我身份时采用的行动策略与资源等方面存在着一些共同点，这引发我们对根据拾荒动机来划分拾荒者类型的做法是否妥当的思考，是否有更好的分类标准存在，值得进一步研究。

4. 矛盾性身份概念是本研究提出的一个新概念，尽管我们从该概念的界定、特征、形成机制及其维持机制等方面都进行了系统地分析，但是对矛盾性身份的变迁关注不多。

辩证地看，正是基于上述局限性，本研究为后续研究开辟了这样的一些可能性空间：

第一，本研究仅从作为身份主体的拾荒者视角来探讨矛盾性身份问题，但实际上矛盾性身份是受到身份主体自我建构和他者建构的共同影响，而他者建构对矛盾性身份究竟如何发挥作用，效果如何等，我们没有予以考察。因此，今后可以将他者建构纳入分析框架，有利于更加全面、科学地认识矛盾性身份现象。

第二，矛盾性身份的变迁问题。尽管我们讨论了矛盾性身份的三种特征，尤其是对动态性特征的论述，提到了矛盾性身份变迁的可能动因和机制，但本研究尚未掌握充分的实证材料来分析其变迁问题。当然，这主要是因为我们着重讨论研究对象的当前身份，而没有将其置于研究对象的总体性身份变迁过程中予以考察的缘故。因此，今后可以从总体性身份变迁过程中来分析矛盾性身份的变迁。

第三，矛盾性身份概念的解释效力问题。从社会分层视角看，本研究着重考察了处于社会底层的拾荒者群体中的矛盾性身份现象，并得出了该群体中矛盾性身份普遍存在的初步结论。然而，在社会地位较高的群体中，矛盾性身份现象是否也普遍存在及其何以可能的问题，本研究未能涉及。此外，如果矛盾性身份现象存在于不同社会地位群体中，那么这些不同社会群体中的矛盾性身份现象之间会存在怎样的关联，矛盾性身份是否存在阶层化差异及相关议题等，都将是富有挑战性和极有意义的研究课题。

因此，从这个意义上说，矛盾性身份研究才刚刚开始，它远远是一个未尽的话题，值得进一步关注和研究。

本 章 小 结

在本章中,我们对本研究的一些发现及其不足做出了总结,并提出今后进一步研究的可能性空间。本研究的主要贡献在于以拾荒者为个案,分析了底层社会民众身份建构的逻辑,改变了身份研究与拾荒者群体研究相互分离的状况,从而为作为底层社会群体的拾荒者纳入社会学学科视野中做出了一份努力。同时,本研究提出的矛盾性身份概念,具有一定的理论意义。本研究的不足主要表现在实证材料的欠缺,以及相关概念还需要进一步地厘清,但也正是因为存在这些不足,它才为今后的研究提供了可能性空间。

附录一　访谈提纲

一、个人信息

    1. 姓名

    2. 性别

    3. 年龄

    4. 职业（有无政治身份）

    5. 家庭住址（是否农业户口/经济生活水平）

    6. 在沪住址或联系方式

    7. 文化程度

    8. 婚姻状况

二、家庭情况

    1. 家庭结构（成员个数、男女比例、代际数、文化程度、婚姻状况、目前职业、工作地点）（子女是否孝顺、当地社会声望或地位）

    2. 家庭主要收入来源是什么？是否有其他收入来源？

三、职业经历

    1. 您曾经从事过的行业有哪些？

    2. 您为什么转行？

四、当前职业

    1. 您从事拾荒（捡破烂）行业有多长时间？

    2. 您如何进入这一行的？为什么选择到上海来捡垃圾？

    3. 您是直接从垃圾堆里捡废品还是摇铃收废品后再贩卖？如何与卖者谈价的？您认为二者有何区别？除了捡或收废品外，您是否还做些其他杂活？

4. 您一天的活动时间如何安排,包括三餐情况?

5. 您平均月收入多少?

6. 您这些收入主要用于什么开销(做生意还是维持温饱和消费)?

7. 您从事这一行以来,有没有与他人〔城市居民、城市管理者(包括派出所、联防队、城管以及市容部门等)、同行、其他行业从业者〕发生过矛盾? 矛盾因何而起? 又是如何解决的?

8. 您对矛盾解决的结果是否满意? 为什么?

9. 您认为这一行有没有规矩? 具体是什么? 比如地盘等,它们是怎么形成的? 您又是怎么知道这些行规的? 您是否遵守这些行规?

10. 您是否有固定的卖废品站点? 为什么?

11. 您从捡废品到卖废品的整个过程如何?

12. 在您捡回或收回的废品中,值钱的东西一般是什么? 是不是全部卖出或部分自己留用? 决定卖出与留用的标准是什么?

13. 您是否与废品收购站人员讨价还价? 如何谈价钱的?

14. 您现在的住处是租的还是自己搭建的? 为什么租房或在这里搭建?

15. 您每次是一个人出去拾荒还是和其他人一起出去拾荒? 为什么?

16. 您第一次拾荒的经历是怎么样的?

五、对当前职业的评价

1. 您自己如何看待这一行(污名)?

2. 您家人是否知道您从事这个行业? 若不知道,为什么? 若知道,他们对您的看法如何?

3. 亲戚是否知道您从事这个行业? 若不知道,为什么? 若知道,他们对您的看法如何?

4. 家乡人是否知道您从事这个行业? 若不知道,为什么? 若知道,他们对您的看法如何?

5. 您是否愿意(主动向别人说起)别人知道自己从事这一行?

6. 您对自己目前的职业状况和生活状况(衣、食、住、行)是否满意? 为什么?

7. 您认为捡垃圾面临的最大困难是什么?

8. 您认为自己进入捡垃圾这一行的主要原因是什么(主要目的)?

9. 如果有更好的工作，您是否考虑转行？

10. 如果可以转行，您希望做什么工作？

六、社会交往与娱乐

1. 您现在主要和谁交往？

2. 与以往相比，现在和您交往的人是多了还是少了？为什么？

3. 您希望和哪些人交往，比如本地人、外地来沪人员、老乡？为什么？

4. 当您遇到困难时，一般请谁帮忙？

5. 您节假日和谁一起过？

6. 您如何与家人、亲戚、朋友等保持联系？多长时间联系一次？

7. 您一年回几次老家？

8. 您是否参与娱乐活动？若有，是哪些活动？和谁一起娱乐？

七、社会排斥

1. 您是否因为职业关系而遭遇到他人不礼貌的言行？他们是哪些人？本地人还是外地来沪人员？（请举例）

2. 您是否能听懂或说本地话？

3. 您是否觉得在这里的生活与老家的生活不一样？有哪些不一样？

4. 您是否已习惯这里的生活？（饮食习惯、行为方式等）

5. 您是否有新结识的朋友？他们是本地人、外地来沪人员还是老乡？他们是从事何种职业？你们是如何交上朋友的？

6. 您是否觉得很难与本地人接近？为什么？

7. 您是否觉得自己是上海的一分子或上海人？

八、展望

您今后的打算是什么？（职业打算）

附录二 个案概况

编号	姓名	性别	年龄	职业	籍　　贯	访谈时间	访谈地点
1	LQW	男	54	农民	江苏省徐州市铁富乡	2009.6.23	住处
2	GGM	男	55	农民	江苏省淮安市流均镇	2009.6.24	就地
3	WGF	男	28	农民	安徽省利辛县	2009.6.25	上大体院
4	LYK	男	57	农民	江苏省宝应县	2009.6.25	就地
5	QJB	男	59	农民	湖北省利川县	2009.6.26	就地
6	GSF	女	65	农民	安徽省无为县	2009.6.26	租住处
7	YPL	男	57	农民	安徽省阜阳市	2009.6.27	住处
8	LSC	男	55	农民	山东省仓山县	2009.6.27	就地
9	ZJS	男	45	农民	江苏省淮安市流均镇	2009.6.28	就地
10	LWC	男	59	农民	河南省沈丘县	2009.6.28	就地
11	LHQ	男	54	农民	安徽省颍上县	2009.6.29	就地
12	YXY	女	67	农民	河南省祁县	2009.6.29	租住处
13	ZCC	男	57	无业	上海市（暂无户口）	2009.6.30	租住处
14	SZH	男	43	农民	安徽省利辛县	2009.6.30	租住处
15	LLF	男	62	农民	安徽省肥东县	2009.7.5	租住处
16	CSM	女	44	农民	江苏省兴化县	2009.7.8	就地
17	WTJ	男	80	农民	江苏省东台县	2009.7.8	住处
18	JGH	女	68	无业	上海市宝山区	2009.7.9	就地
19	ZZX	男	45	农民	江苏省邳州市土山镇	2009.7.9	租住处
20	AZJ	男	70	农民	安徽省肥西县	2009.7.13	租住处
21	LFR	女	58	农民	湖北省孝感市三叉镇	2009.7.14	租住处

编号	姓名	性别	年龄	职业	籍　　贯	访谈时间	访谈地点
22	HYZ	女	50	农民	江苏省宝应县	2009.7.14	就地
23	FWJ	女	58	农民	安徽省寿县	2009.7.17	租住处
24	WXJ	男	47	农民	江苏省邳州市铁富乡	2009.7.17	就地
25	WHQ	男	61	农民	安徽省利辛县	2009.7.19	就地
26	ZRH	男	51	农民	河南省夏邑县	2009.7.20	就地
27	YJZ	女	58	农民	安徽省颍上县	2009.7.21	上大 A 楼
28	GYQ	男	58	农民	安徽省利辛县	2009.7.21	租住处
29	JSB	男	52	农民	江苏省泗阳县	2009.7.23	就地
30	NL	女	37	农民	安徽省利辛县	2009.7.23	就地
31	WLQ	男	59	农民	江西省鹰潭市	2009.7.23	就地
32	CKW	男	56	农民	安徽省颍上县	2009.7.23	就地
33	CRS	男	63	农民	江苏省（县名不详）	2009.7.25	就地
34	WCY	男	36	农民	安徽省涡阳县	2009.7.26	就地
35	LYX	女	43	农民	安徽省凤阳县	2009.7.26	就地
36	LXR	女	60	农民	河南省丹城县	2009.7.27	就地
37	ZZL	男	43	农民	河南省（县名不详）	2009.8.1	租住处

说明:
1. 为遵循学术规范,受访者姓名均用汉语拼音代替。
2. 职业主要指与户籍制度相关的身份。
3. 因为受访者的方言较多,有些地名听不清楚,故标注为"县名不详"。
4. 受访者没有做出回答的问题,用"未知"表示。
5. 访谈地点分为住处、租住处和就地三种类型。住处是指受访者自己搭建的房子,不用交房租和其他费用;租住处是指受访者租住的房子,需要交房租和其他费用;就地是指随时随地的采访地点。

参 考 文 献

一、中文著作类

1. 〔美〕乔纳森·H. 特纳:《社会学理论的结构》,吴曲辉等译,杭州:浙江人民出版社,1987 年。

2. 〔美〕S. T. 菲斯克、S. E. 泰勒:《社会认知——人怎样认识自己和他人》,张庆林、陈兴强译,贵阳:贵州人民出版社,1994 年。

3. 〔法〕阿尔弗雷德·格罗塞:《身份认同的困境》,王鲲译,北京:社会科学文献出版社,2010 年。

4. 〔德〕阿克塞尔·霍耐特:《为承认而斗争》,胡继华译,上海:世纪出版集团,2005 年。

5. 〔印〕阿马蒂亚·森:《身份与暴力——命运的幻象》,李风华、陈昌升、袁德良译,北京:中国人民大学出版社,2009 年。

6. 〔美〕埃尔德:《大萧条的孩子们》,田禾译,南京:译林出版社,2002 年。

7. 〔美〕埃里克·欧林·赖特:《阶级》,刘磊、吕梁山译,北京:高等教育出版社,2006 年。

8. 〔法〕爱弥儿·涂尔干:《宗教生活的基本形式》,渠东、汲喆译,上海:上海人民出版社,1999 年。

9. 〔英〕安东尼·吉登斯:《现代性与自我认同》,赵旭东、方文、王铭铭译,北京:生活·读书·新知三联书店,1998 年。

10. 〔美〕安塞尔·M. 夏普、查尔斯·A. 雷克斯特、保罗·W. 格兰姆斯:《社会问题经济学(第十五版)》,郭庆旺译,北京:中国人民大学出版社,2003 年。

11. 〔英〕巴特·范·斯廷博根:《公民身份的条件》,郭台辉译,长春:吉林出版集团有限责任公司,2007 年。

12. 包亚明:《后现代性与地理学的政治》,上海:上海教育出版社,

2001年。

　　13. 商务印书馆编辑部:《辞源》,北京:商务印书馆,1983年。

　　14. 古汉语大词典编辑部:《古汉语大词典》,上海:上海辞书出版社,2000年。

　　15. 中国社会科学院语言研究所词典编辑室:《现代汉语词典(第五版)》,北京:商务印书馆,2005年。

　　16. [英]布莱恩·特纳:《公民身份与社会理论》,郭忠华、蒋红军译,长春:吉林出版集团有限责任公司,2007年。

　　17. [美]查尔斯·蒂利:《身份、边界与社会联系》,谢岳译,上海:上海人民出版社,2008年。

　　18. [加拿大]查尔斯·泰勒:《自我的根源:现代认同的形成》,韩震等译,南京:译林出版社,2001年。

　　19. 陈定家:《全球化与身份危机》,郑州:河南大学出版社,2004年。

　　20. 陈潭:《单位身份的松动——中国人事档案制度研究》,南京:南京大学出版社,2007年。

　　21. 辞海编辑委员会:《辞海》,上海:上海辞书出版社,1999年。

　　22. [美]戴维·波普诺:《社会学(第十版)》,李强等译,北京:中国人民大学出版社,1999年。

　　23. [英]德里克·希特:《何为公民身份》,郭忠华译,长春:吉林出版集团有限责任公司,2007年。

　　24. 邓正来、亚历山大:《国家与市民社会——一种社会理论的研究路径》,北京:中央编译出版社,2005年。

　　25. 方文:《社会行动者》,北京:中国社会科学出版社,2002年。

　　26. [美]菲利克斯·格罗斯:《公民与国家——民族、部族和族属身份》,王建娥、魏强译,北京:新华出版社,2003年。

　　27. 费孝通:《乡土中国》,北京:北京大学出版社,1998。

　　28. 风笑天:《社会研究方法》,北京:高等教育出版社,2006年。

　　29. 郭玉锦:《中国身份制及其潜功能研究——一个国企的实证分析》,哈尔滨:黑龙江人民出版社,2002年。

　　30. [德]哈贝马斯:《交往与社会进化》,张博树译,重庆:重庆出版社,1989年。

　　31. 胡传胜:《自由论》,南京:译林出版社,2003年。

32. 柯兰君、李汉林:《都市里的村民——中国大城市的流动人口》,北京:中央编译出版社,2001 年。

33. [美]克利福德·格尔茨:《文化的解释》,韩莉译,南京:译林出版社,1999 年。

34. [美]库利:《人类本性与社会秩序》,包凡一、王源译.北京:华夏出版社,1989 年。

35. 李强:《农民工与中国社会分层》,北京:社会科学文献出版社,2004 年。

36. 李友梅、肖瑛、黄晓春:《社会认同:一种结构视野的分析》,上海:上海人民出版社,2007 年。

37. 梁漱溟:《中国文化要义》,上海:学林出版社,1987 年。

38. 刘魁立:《金枝精要——巫术与宗教之研究》,上海:上海文艺出版社,2001 年。

39. 刘小枫:《现代性社会理论绪论》,上海:上海三联书店,1998 年。

40. [美]流心:《自我的他性——当代中国的自我系谱》,常姝译,上海:上海人民出版社,2005 年。

41. [英]鲁珀特·布朗:《群体过程》,胡鑫、庆小飞译,北京:中国轻工业出版社,2007 年。

42. 吕梁山:《赖特的阶级理论研究》,北京:中共中央党校出版社,2007 年。

43. [德]马克斯·韦伯:《经济与社会》,林荣远译,北京:商务印书馆,1997 年。

44. [德]马克斯·韦伯:《新教伦理与资本主义精神》,于晓、陈维纲等译,西安:陕西师范大学出版社,2006 年。

45. [美]曼纽尔·卡斯特:《认同的力量》,曹荣湘译,北京:社会科学文献出版社,2006 年。

46. [美]米德:《心灵、自我和社会》,赵月琴译,上海:上海译文出版社,1992 年。

47. [法]米歇尔·福柯:《知识考古学》,谢强、马月译,北京:生活·读书·新知三联书店,1998 年。

48. [英]尼克·史蒂文森:《文化与公民身份》,陈志杰译,长春:吉林出版集团有限责任公司,2007 年。

49.［英］诺曼·费尔克：《话语与社会变迁》，殷晓蓉译，北京：华夏出版社，2003年。

50.［美］欧文·戈夫曼：《污名——受损身份的管理札记》，宋立宏译，北京：商务印书馆，2009年。

51. 潘泽泉：《社会、主体性与秩序：农民工研究的空间转向》，北京：社会科学文献出版社，2007年。

52. 庞树奇、范明林：《普通社会学理论新编（第三版）》，上海：上海大学出版社，2000年。

53.［英］弗兰克斯·彭茨、格雷格里·雷迪克、罗伯特·豪厄尔：《空间》，马光亭、章绍增译，北京：华夏出版社，2006年。

54. 祁进玉：《群体身份与多元认同——基于三个土族社区的人类学比较研究》，北京：社会科学文献出版社，2008年。

55.［英］齐格蒙特·鲍曼：《个体化社会》，范祥涛译，上海：上海三联书店，2002年。

56.［德］齐美尔：《社会是如何可能的》，林荣远译，桂林：广西师范大学出版社，2002年。

57.［德］齐美尔：《社会学——关于社会化形式的研究》，林荣远译，桂林：广西师范大学出版社，2002年。

58. 乔建、刘贯文、李天生：《乐户：田野调查与历史追踪》，台北：唐山出版社，2001年。

59. 乔建：《底边阶级与边缘社会：传统与现代》，台北：立绪文化事业有限公司，2007年。

60.［法］让-马克·夸克：《合法性与政治》，佟心平、王远飞译，北京：中央编译出版社，2002年。

61. 邵道生：《中国大百科全书·社会学》，北京：中国大百科全书出版社，1991年。

62. 世瑾：《宗教心理学》，北京：知识出版社，1989年。

63.［英］斯图尔特·霍尔：《表征：文化表象与意义实践》，徐亮、陆兴华译，北京：商务印书馆，2003年。

64. 孙本文：《社会学原理》，北京：商务印书馆，1935年。

65. 陶家俊：《文化身份的嬗变——E. M. 福斯特小说和思想研究》，北京：中国社会科学出版社，2003年。

66. 王同忆:《语言大典(下)》,海口:三环出版社,1999年。

67. 吴飞:《麦芒上的圣言——一个乡村天主教群体中的信仰和生活》,香港:香港道风书社,2001年。

68. 吴新云:《身份的疆界——当代美国黑人女权主义思想透视》,北京:中国社会科学出版社,2007年。

69. 谢立中:《西方社会学名著提要》,南昌:江西人民出版社,1998年。

70. 徐明宏:《杭州——城市休闲方式的社会学分析》,南京:东南大学出版社,2007年。

71. 许伟建:《上古汉语词典》,长春:吉林文史出版社,1998年。

72. [美]亚历山大·温特:《国际政治的社会理论》,秦亚青译,上海:上海人民出版社,2002年。

73. [美]杨凤岗:《皈信·同化·叠合身份认同》,默言译,北京:民族出版社,2008年。

74. 姚勤华:《欧洲联盟集体身份的建构(1951—1995)》,上海:上海社会科学院出版社,2003年。

75. 袁方、林彬:《社会调查原理与方法》,北京:高等教育出版社,1990年。

76. 袁进、丁云亮、王有富:《身份建构与物质生活——20世纪50年代上海工人的社会文化生活》,上海:上海书店出版社,2008年。

77. 翟学伟:《人情、面子与权力的再生产》,北京:北京大学出版社,2005年。

78. [美]詹姆斯·斯科特:《农民的道义经济学——东南亚的反叛与生存》,程立显、刘建等译,南京:译林出版社,2001年。

79. [美]詹姆斯·斯科特:《弱者的武器》,郑广怀、张敏、何江穗译,南京:译林出版社,2007年。

80. 张海洋:《中国的多元文化与中国人的认同》,北京:民族出版社,2006年。

81. 张寒梅:《城市拾荒人——对一个边缘群落生存现状的思考》,贵阳:贵州人民出版社,2001年。

82. 张静:《身份认同研究——观念、态度、理据》,上海:上海人民出版社,2006年。

83. 张云鹏:《自我认同与他者认同的向度》,北京:社会科学文献出版社,2007 年。

84. 赵万里:《科学的社会建构》,天津:天津人民出版社,2002 年。

85. 郑杭生:《社会学概论新修》,北京:中国人民大学出版社,1994 年。

86. 郑也夫:《后物欲时代的来临》,上海:世纪出版集团,2007 年。

87. 中央编译局:《马克思恩格斯选集(第 4 卷)》,北京:人民出版社,1972 年。

88. 周荣德:《中国社会的阶层与流动——一个社区中士绅身份的研究》,上海:学林出版社,2000 年。

89. 朱岑楼:《社会学辞典》,彭怀真等译,台北:五南图书出版公司,1991 年。

二、中文期刊类

1. 安维复:《社会建构主义:后现代知识论的"终结"》,《哲学研究》2005 年第 9 期。

2. 蔡科云:《我国的劣势群体问题与法律对策——以拾荒者为个案》,《湖北大学学报(哲学社会科学版)》2006 年第 5 期。

3. 陈松:《都市拾荒者群体的生存形态研究——以南京地区为例》,硕士学位论文,南京师范大学社会学与社会工作系,2006 年。

4. 陈伟东、李雪萍:《自治共同体的权利认同——对一个拾荒者社区的考察》,《当代世界社会主义问题》2002 年第 3 期。

5. 陈映芳:《"农民工":制度安排与身份认同》,《社会学研究》2005 年第 3 期。

6. 陈岳鹏:《拾荒者的国际经验》,《南风窗》2007 年第 8 期。

7. 方文:《群体符号边界如何形成?——以北京基督新教群体为例》,《社会学研究》2005 年第 1 期。

8. 方文:《群体资格:社会认同事件的新路径》,《中国农业大学学报(社会科学版)》2008 年第 1 期。

9. 高丙中:《社会团体的合法性问题》,《中国社会科学》2000 年第 2 期。

10. 葛蓓蓓:《城市拾荒农民工的地位及其在城乡经济发展中的作

用》,《农业现代化研究》2010 年第 2 期。

11. 管健：《身份污名的建构与社会表征——以天津 N 辖域的农民工为例》,《青年研究》2006 年第 3 期。

12. 郭素荣、陈宗团：《论拾荒者在我国垃圾分类收集中的作用和意义》,《环境保护》2000 年第 3 期。

13. 何雪松：《社会理论的空间转向》,《社会》2006 年第 2 期。

14. 胡雪雷：《身份建构与利益转变——明治维新后日本身份变化的建构主义分析》,《东北亚论坛》2002 年第 2 期。

15. 黄海波：《宗教性非营利组织的身份建构研究——以（上海）基督教青年会为个案》,博士学位论文,上海大学社会学系,2007 年。

16. 黄家亮：《论社会歧视的社会心理根源及其消除方式——社会心理学视野下的社会歧视》,《思想战线》2005 年第 5 期。

17. 江子：《印度：拾荒者开始受尊重》,《政府法制》2008 年第 16 期。

18. 金汕：《北京拾荒大军调查报告系列》,2008 年 8 月 13 日,http://blog.titan24.com/jinshan,2010 年 2 月 2 日。

19. 李春、宫秀丽：《自我分类理论概述》,《山东师范大学学报（人文社会科学版）》2006 年第 3 期。

20. 李东：《从拾荒者到慈善家——记安徽省"中华慈善奖"获奖得主李玉兰》,《江淮文史》2006 年第 3 期。

21. 李石：《意志自由和行动自由——基于人类欲求之等级结构的分析》,《世界哲学》2010 年第 1 期。

22. 李向平：《伦理·身份·认同——中国当代基督教徒的伦理生活》,《天风》2007 年第 7、9 期。

23. 李宇飞、周义：《探访城市拾荒者》,《新闻三昧》2003 年第 7 期。

24. 刘怀玉：《历史唯物主义的空间化解释：以列斐伏尔为个案》,《河北学刊》2005 年第 3 期。

25. 刘林：《拾荒者的智慧》,《成才与就业》2003 年第 5 期。

26. 刘爽：《部分群体资格：以高校学生入党经历为例》,《开放时代》2009 年第 1 期。

27. 刘颖：《从身份到契约与从契约到身份——中国社会进步的一种模式探讨》,《天津社会科学》2005 年第 4 期。

28. 吕朝贵：《贫困动态及其成因——从生命周期到生命历程》,《台大社会工作期刊》2006 年第 14 期。

29. 毛平:《关于拾荒者的物权问题的探析》,《金卡工程(经济与法)》2009 年第 1 期。

30. 齐界:《认识的主体性结构——认知图式及其对认知过程的制约性》,《社会科学研究》1992 年第 4 期。

31. 秦晖:《传统与当代农民对市场信号的心理反应——也谈所谓"农民理性"问题》,《战略与管理》1996 年第 2 期。

32. 孙立平:《资源重新积聚背景下的底层社会形成》,《战略与管理》2002 年第 1 期。

33. 〔英〕亨利·泰弗尔、约翰·特纳:《群际行为的社会认同论》,方文译,《社会心理研究》2004 年第 2 期。

34. 覃明兴:《移民的身份建构研究》,《浙江社会科学》2005 年第 1 期。

35. 陶友之:《"拾荒"和"收废"者是实施循环经济的一支重要力量——以上海为例》,《探索与争鸣》2007 年第 6 期。

36. 田海华:《身份的重构:儒生天主教徒对"十诫"的诠释》,《宗教学研究》2006 年第 2 期。

37. 田艳:《简论语言中的社会歧视》,《西北民族大学学报(哲学社会科学版)》2008 年第 5 期。

38. 王华:《社会学视野下的拾荒者》,《重庆科技学院学报(社会科学版)》2008 年第 10 期。

39. 王华:《拾荒者冲突的社会学解释》,《西昌学院学报(社会科学版)》2008 年第 2 期。

40. 王莹:《地方基督徒的身份建构研究——以中原地区 Y 县基督教会为例》,博士学位论文,上海大学社会学系,2008 年。

41. 魏伟:《城里的"飘飘":成都本地同性恋身份的形成和变迁》,《社会》2007 年第 1 期。

42. 吴小勇、黄希庭、毕重增、苟娜:《身份及其相关研究进展》,《西南大学学报(社会科学版)》2008 年第 5 期。

43. 徐静、徐永德:《生命历程理论视域下的老年贫困》,《社会学研究》2009 年第 6 期。

44. 颜亚萍:《执法者违法在先　拾荒者被定无罪》,《山东人大工作》

2008 年第 11 期。

45. 于建嵘:《底层社会的权利逻辑》,《南风窗》2008 年第 5 期。

46. 曾经文:《大都市的"拾荒者"》,《南风窗》1988 年第 1 期。

47. 张登国:《透视城市拾荒者》,《西北人口》2007 年第 4 期。

48. 张上翔:《重视拾荒者的"草根"价值和诉求》,《资源再生》2007 年第 10 期。

49. 张莹瑞、佐斌:《社会认同理论及其发展》,《心理科学进展》2006 年第 3 期。

50. 赵晔琴:《农民工:日常生活中的身份建构与空间型构》,《社会》2007 年第 6 期。

51. 赵泽洪、宋赟、刘琼:《重庆拾荒者现象及其对策研究》,《重庆大学学报(社会科学版)》2005 年第 4 期。

52. 赵志裕、温静、谭俭邦:《社会认同的基本心理历程——香港回归中国的研究范例》,《社会学研究》2005 年第 5 期。

53. 郑宏泰、黄绍伦:《身份认同:台、港、澳的比较》,《第五届华人社会指标研究研讨会论文》,2006 年。

54. 周大鸣、李翠玲:《垃圾场上的空间政治——以广州兴丰垃圾场为例》,《广西民族大学学报(哲学社会科学版)》2007 年第 5 期。

55. 周大鸣、李翠玲:《拾荒者的社区生活:都市新移民聚落研究》,《广西民族大学学报(哲学社会科学版)》2007 年第 6 期。

56. 周大鸣、李翠玲:《拾荒者的社区工作:都市新移民聚落研究》,《广西民族大学学报(哲学社会科学版)》2008 年第 1 期。

57. 周大鸣、李翠玲:《拾荒者与底边社会:都市新移民聚落研究》,《广西民族大学学报(哲学社会科学版)》2008 年第 2 期。

58. 周小梅:《从拾荒者的外部影响看城市垃圾的规范化管理》,《价格理论与实践》2002 年第 7 期。

59. 周小梅:《从政府对拾荒者的管理看城市垃圾分类收集》,《价格理论与实践》2005 年第 9 期。

60. 周晓虹:《认同理论:社会学与心理学的分析路径》,《社会科学》2008 年第 4 期。

61. 周学光、侯立仁:《文革的孩子们——当代中国的国家与生命历程》,中国社会科学院社会学研究所编:《中国社会学》,上海:上海人民出版社,2003 年。

62. 周燕芳、熊惠波、王婷:《北京市垃圾拾荒者的贡献及其管理对策研究》,《内蒙古环境科学》2008 年第 4 期。

三、中文报纸类

1. 曹松林:《"拾荒者"也尴尬——我州废品市场遭遇"寒冬"见闻》,《红河日报》2009 年 1 月 7 日,第 A3 版。

2. 陈明:《我市将收编流动"破烂王"》,《中山日报》2008 年 1 月 9 日,第 A4 版。

3. 杜婷婷、马守良、高金枝:《拾荒者是否应纳入规范管理》,《东营日报》2007 年 1 月 30 日,第 A2 版。

4. 付春清:《拾荒者:城市里的"环保生力军"》,《中国贸易报》2008 年 10 月 9 日,第 H03 版。

5. 傅丕毅:《透视拾荒者管理》,《中国乡镇企业报》2004 年 11 月 29 日,第 D 版。

6. 顾春:《浙江富阳市政府投资 500 万元,为城市周边拾荒者建廉租房——拾荒者也可住"公寓"?》,《人民日报》2007 年 12 月 14 日,第 10 版。

7. 郭耀华:《由拾荒者成为回收大王》,《安徽日报》2004 年 9 月 30 日,第 4 版。

8. 郝婧:《直击拾荒者的展会淘金》,《国际商报》2003 年 11 月 19 日,第 7 版。

9. 纪岩峰:《城市拾荒者》,《北方法制报》2005 年 10 月 12 日,第 A1 版。

10. 蒋中意:《山东一政协委员来义持证拾荒——义乌拾荒者持证上岗引起全国积极反响》,《金华日报》2005 年 10 月 12 日,第 3 版。

11. 缴志远:《既是生产者"也是拾荒者"》,《中国包装报》2007 年 5 月 18 日,第 3 版。

12. 李刚殷、毛研芳:《"整编"拾荒者引发舌战》,《工人日报》2004 年 12 月 12 日,第 5 版。

13. 李良勇:《如果政府能停止"骚扰"拾荒者》,《新华每日电讯》2008 年 3 月 26 日,第 3 版。

14. 李良勇:《拾荒者有望成为环保生力军》,《中国改革报》2008 年 4

月 16 日,第 4 版。

15. 李明德:《河南拾荒者　感动他乡人》,《郑州日报》2006 年 12 月 22 日,第 8 版。

16. 李文华、王旭辉:《30 万拾荒者每年京城捡走 30 亿》,《市场报》2004 年 9 月 14 日,第 2 版。

17. 刘宏鹏:《中国再生资源利用业正改变"拾荒者"形象》,《新华每日电讯》2004 年 7 月 18 日,第 2 版。

18. 陆成钢、徐雪娟:《拾荒者"四集中"　嘉善试点一年间得失》,《嘉兴日报》2006 年 11 月 10 日,第 9 版。

19. 吕世伟:《让拾荒者为城市运行服务》,《山西政协报》2005 年 5 月 27 日,第 A 版。

20. 马海伟、牛亚皓:《浙江富阳 500 万建"拾荒者公寓"》,《中国商报》2007 年 8 月 21 日,第 7 版。

21. 孟兆艳:《进行回收知识培训　有效管理城市拾荒人员》,《联合时报》2007 年 5 月 11 日,第 3 版。

22. 祁盛宇、万泉:《新拾荒者:开启垃圾到财富的回归之路》,《中华建筑报》2005 年 3 月 29 日,第 7 版。

23. 谭新政、胡虹贤:《临安给拾荒者发证——专家疑虑:政府是否有权支配拾荒市场经营权》,《解放日报》2004 年 9 月 27 日,第 4 版。

24. 唐伯余、何生英:《怎样看待拾荒者持证上岗》,《金华日报》2005 年 9 月 10 日,第 3 版。

25. 田玥:《兰州西固将为拾荒者统一服装》,《西部时报》2007 年 11 月 16 日,第 3 版。

26. 汪起:《拉锯战　拾荒者的生存困局》,《凉山日报》2008 年 4 月 18 日,第 1 版。

27. 汪起:《谋和谐　探索与拾荒一族结合点》,《凉山日报》2008 年 4 月 19 日,第 A1 版。

28. 王建刚:《纽约:衣着整洁的绅士,竟成拾荒者》,《新华每日电讯》2008 年 12 月 12 日,第 6 版。

29. 王越炜:《"拾荒者"说》,《中国包装报》2000 年 8 月 25 日,第 1 版。

30. 王振芳:《网络拾荒者》,《经济视点报》2008 年 4 月 3 日,第

A1 版。

31. 魏鸣飞、玛丽娜：《桂林拾荒者何去何从?》，《桂林日报》2008 年 8 月 18 日，第 2 版。

32. 谢佳、叶欢、詹肖冰、金双凤、许路平：《拾荒者在都市的边缘踯躅》，《人民公安报》2002 年 5 月 10 日，第 4 版。

33. 谢佳、叶欢、詹肖冰：《游走城市的拾荒者》，《农民日报》2007 年 7 月 20 日，第 4 版。

34. 新闻观察：《印度拾荒者要求政府提供社保医保》，《新华每日电讯》2007 年 9 月 10 日，第 3 版。

35. 徐雪娟：《嘉善魏塘破解拾荒者管理难题》，《嘉兴日报》2006 年 10 月 20 日，第 2 版。

36. 严国庆、吴雅茗：《为"拾荒者"营造安稳的家》，《浙江日报》2002 年 9 月 24 日，第 4 版。

37. 岩石：《巴西：推进循环经济少不了"拾荒者合作社"》，《中国包装报》2005 年 12 月 6 日，第 4 版。

38. 张阿久、王云奖：《拾荒者：一个需要关注的群体》，《人民法院报》2007 年 1 月 26 日，第 3 版。

39. 张朝晖：《萧山环卫处请"拾荒者"协管》，《浙江日报》2000 年 11 月 21 日，第 10 版。

40. 张海涛：《谁去管管拾荒者》，《吉林日报》2005 年 7 月 20 日，第 6 版。

41. 赵明：《谁来规范废品收购业》，《扬州日报》2005 年 3 月 24 日，第 B3 版。

42. 赵起疆：《能否对拾荒者多一些关注》，《中国社会报》2006 年 4 月 12 日，第 7 版。

43. 赵志疆：《拾荒者能否免费上岗》，《中国劳动保障报》2006 年 2 月 15 日，第 1 版。

44. 周邦坤：《既是免费培训，为何拾荒者不买账》，《中国社会报》2005 年 8 月 22 日，第 3 版。

四、英文著作及论文类

1. Dominic Abrams and Michael A. Hogg, eds., *Social Identity*

Theory: *Constructive and Critical Advances*, New York: Harvester Wheatsheaf, 1990.

2. James M. Baldwin, *Dictionary of Philosophy and Psychology*, Volume 1, New York: The Macmillan Company, 1998.

3. Bruce L. Berg, *Qualitative Research Methods for the Social Science* (the 4th edition), Boston, London: Allyn and Bacon, 2001.

4. Peter L. Berger and Thomas Luckmann, *The Social Construction of Reality*, Graden City. New York: Anchor Books, 1966.

5. K. E. Boulding, *The Economy of Love and Fear*, Belmont, Calif, 1973.

6. Peter J. Burke, "Identities and Social Structure: The 2003 Cooley-Mead Award Address", *Social Psychology Quarterly*, vol. 67, no.1, 2004.

7. Jean-Claude Deschamps and Thierry Devos, "Regarding the Relationship between Social Identity and Personal Identity", in Stephen Worchel, J. Francisco Morales, Dario Paez and Jean-Claude Deschamps, eds., *Social Identity*. London: SAGE Publishications, 1998.

8. G. H. Elder, "The Emergence and Development of Life Course Theory", in J. T. Mortimer and A. Michael J. , eds., *Handbook of the Life Course*, New York: Spring, 2003.

9. Erik H. Erikson, *Childhood and Society*, New Youk: Norton, 1950.

10. Hermann Haring, Maureen Junker-Kenny and Dietmar Mieth, eds., *Creating Identity*, London: SCM Press, 2002.

11. Michael A. Hogg, Deborah J. Terry and Katherine M. White, "A Tale of Two Theories: A Critical Comparision of Identity Theory with Social Identity Theory", *Social Psychology Quarterly*, vol. 58, no.4, 1995.

12. Michael A. Hogg and Dominic Abrams, *Social Identifications*: *A Social Psychology of Interpretation Relations and Group Processes*, London: Routledge, 1988.

13. Michael A. Hogg and Dominic Abrams, *Social Identifications*,

London and New York：Routledge，1998.

14. Michael A. Hogg，"Social Identity，Self-categorization，and Communication Small Groups"，in Sh. Ng，C. Candling and C-y. Chiu，eds.，*Language Matters：Communication，Culture，and Social Identity*，HongKong：City University of HongKong Press，2004.

15. W. Holland，J. Lachicotte，D. Skinnwe and C. Cain，*Identity and Agency in Cultural Worlds*，Cambridge，MA：Harvard University Press，1998.

16. Mark R. Leary and June P. Tangney，*Handbook of Self and Identitiy*，New York：Guilford Press，2003.

17. Henri Lefebvre，*The Production of Space*，trans. Donald Nicholson-Smith，New York：Blackwell Press，1991.

18. Alfred R. Lindesmith and Anselm L. Strauss，*Social Psychology*，New York：Holt，Rinehart and Winston，1956.

19. George H. Mead，*Mind，Self，and Society*，Chicago：University of Chicago Press，1934.

20. Hans J. Mol，*Identity and the Sacred*，New York：The Free Press，1976.

21. S. Popkin，*The Rational Peasant：The Political Economy of Rural Society in Vietnam*，Berkeley，1979.

22. M. Sarup，*Identity，Culture and the Post-modern World*，Athens，Georgia：The University of Georgia Press，1996.

23. T. W. Schultz，*Transforming Traditional Agriculture*. Yale Univ.，1964.

24. M. E. Shaw and P. R. Costanzo，*Theories of Social Psychology*，*2nd(ed.)*，New York：McGraw-Hill Book Company，1982.

25. Sheldon Stryker，*Symbolic Interactionism，A Social Structural Version*，Palo Alto：Benjamin/Cummings，1980.

26. H. Taijfel，eds.，*Differentiation between Social Groups：Studies in the Psychology of Inter-Group Relations*，New York and London：Academic Press，1978.

27. John W. Thibaut and Harold H. Kelley，*The Social Psychol-*

ogy of Groups, New York: John Wiley & Sons, 1959.

28. Charles Tilly, *Identities*, *Boundaries*, *and Social Ties*, Boulder: Paradigm Publishers, 2005.

29. John C. Turner, "Social Categorization and the Self-Concept: A Social Cognitive Theory of Group Behavior", in E. J. Lawler, eds., *Advance in Group Process: Theory and Research*, vol.2, Greenwich, CT: JAI, 1985.

30. R. W. Vickerman, "The New Leisure Society: An Economic Analysis", *Futures*, vol.10, no.3, 1980.

31. Andrew J. Weigert, J. Smith Teitge and Dennis W. Teitge, *Society and Identity: Toward a Sociological Psychology*, Cambridge: Cambridge University Press, 1986.

32. Willmott Young, *The Symmetrical Family*, London: Routledge and Kegan Paul, 1973.

后　记

转眼间,博士毕业已有十余年了。回想起在上海大学求学的日子,历历在目。2004年,我顺利考入上海大学社会学系攻读硕士学位,有幸拜在陆小聪教授的门下。而在此之前,我只是家乡的一名中学老师,在那里工作了四年半。离开熟悉的地方,自然是不舍。但对知识的渴望,让我忍痛割爱。

在读研期间,我才算是比较系统地学习了社会学知识,逐渐真切地感受到了社会学的魅力。然而,三年时间犹如白驹过隙,对于我这个"非科班"出身的人来说,自觉在专业知识尚未充分理解和掌握的情况下,就要开始选题,着手做硕士学位论文,确实是一种严峻的挑战。幸好,在陆老师的精心指导下,硕士学位论文得以顺利完成,让我自信了不少。2007年,我又有机会跟随陆老师继续攻读博士学位。

在读博期间,"陆家军"规模越来越大,大家每周都会在陆老师组织的读书会上谈笑风生,讲述自己感兴趣的所见所闻,激发大家的社会学思考。读书会,让我们收获甚多。

读研三年,让我觉得时间飞逝。读博三年,让我觉得时间飞逝更快。之所以有这种感觉,我想大概是因为读博比读研需要更多的专业知识储备和更强的分析解决问题的能力。起初,我准备以在沪某工人文化宫为研究对象,做一个空间社会学研究。但经过试调查后,我发现关键性资料难以获取,只好作罢。后来,一次偶然的机会让我接触到拾荒者群体,才逐渐确立了自己的研究主题。

至今我依稀记得,在炎热的夏天,我骑着自行车,走街串巷,寻找拾荒者。有时在路边阴凉处,有时在垃圾堆旁,有时在他们的租住处,进行访谈。回来后,爱人葛蓓蓓不厌其烦地帮我整理录音材料。就这样,前前后后,我总共访谈了37位拾荒者,访谈材料达50多万字。

在翔实的实证材料基础上,我完成了博士学位论文的撰写,顺利答辩,如期获得了博士学位。2010 年 8 月,我入职浙江师范大学,开启了新的职业生涯。其间,我和爱人有了两个可爱的孩子,正所谓"儿女双全"。

然而,遗憾的是,十余年来,因为种种原因,我没有再继续拾荒者研究。如今,当我再拾起它时,犹如与一位多年不见的"老朋友"再重逢,非常亲切。虽然这位"老朋友"不漂亮,更不完美,有着诸多这样或那样的缺陷,但多多少少也有一点点比较"可爱"的地方。我想这个"可爱"的地方,或许就是"矛盾性身份"这一概念。它犹如这位"老朋友"身上的一个"胎记",从此把"他"与"别人"区分开来。

非常感谢上海三联书店,让我和"老朋友"有了一次如此宝贵的叙旧机会。

二〇二一年六月十日于金华

图书在版编目(CIP)数据

拾荒者的身份建构研究:以上海为例/胡全柱著
.—上海:上海三联书店,2022.5
ISBN 978 - 7 - 5426 - 7729 - 7

Ⅰ.①拾… Ⅱ.①胡… Ⅲ.①边缘群体-社会心理学
-研究-上海 Ⅳ.①C912.6 - 0

中国版本图书馆 CIP 数据核字(2022)第 109079 号

拾荒者的身份建构研究:以上海为例

著　　者 / 胡全柱

责任编辑 / 殷亚平
装帧设计 / 一本好书
监　　制 / 姚　军
责任校对 / 王凌霄

出版发行 / 上海三联书店
　　　　　(200030)中国上海市漕溪北路 331 号 A 座 6 楼
邮　　箱 / sdxsanlian@sina.com
邮购电话 / 021 - 22895540
印　　刷 / 上海惠敦印务科技有限公司

版　　次 / 2022 年 5 月第 1 版
印　　次 / 2022 年 5 月第 1 次印刷
开　　本 / 640 mm×960 mm　1/16
字　　数 / 210 千字
印　　张 / 12.75
书　　号 / ISBN 978 - 7 - 5426 - 7729 - 7/C·621
定　　价 / 68.00 元

敬启读者,如发现本书有印装质量问题,请与印刷厂联系 021 - 63779028